中华人民共和国行业标准

公路工程基本建设项目投资估算编制办法

Standard Method of Cost Estimation for Highway Infrastructure Projects

JTG M20—2011

主编单位:中交公路规划设计院有限公司
参编单位:各省、自治区、直辖市公路(交通)工程定额(造价管理)站
批准部门:中华人民共和国交通运输部
实施日期:2012 年 01 月 01 日

人民交通出版社

图书在版编目(CIP)数据

公路工程基本建设项目投资估算编制办法：JTG M20—2011／中交公路规划设计院有限公司主编. --北京：人民交通出版社，2011.12

ISBN 978-7-114-09557-3

Ⅰ. ①公… Ⅱ. ①中… Ⅲ. ①道路工程－基本建设投资－预算编制 Ⅳ. ①U415.13

中国版本图书馆 CIP 数据核字(2011)第 270307 号

中华人民共和国行业标准

公路工程基本建设项目投资估算编制办法

JTG M20—2011

中交公路规划设计院有限公司　主编

人民交通出版社出版发行

(100011　北京市朝阳区安定门外外馆斜街 3 号)

各地新华书店经销

北京市密东印刷有限公司印刷

开本:880×1230　1/16　印张:5.5　字数:118 千

2011 年 12 月　第 1 版

2011 年 12 月　第 1 次印刷

定价:30.00 元

ISBN 978-7-114-09557-3

中华人民共和国交通运输部

公　　告

2011 年第 82 号

关于公布公路工程基本建设项目投资估算编制办法和公路工程估算指标的公告

现公布《公路工程基本建设项目投资估算编制办法》(JTG M20—2011)和《公路工程估算指标》(JTG/T M21—2011),自 2012 年 1 月 1 日起施行。原《公路基本建设工程投资估算编制办法》和《公路工程估算指标》(交公路发〔1996〕611 号)同时废止。

该办法及指标的管理权和解释权归交通运输部,日常解释和管理工作由主编单位中交公路规划设计院有限公司负责。

请各有关单位在实践中注意总结经验,及时将发现的问题和修改建议函告中交公路规划设计院有限公司(地址:北京市西城区德外大街 85 号德胜国际 A 座,邮编 100088),以便修订时研用。

特此公告。

中华人民共和国交通运输部

二〇一一年十一月九日

主题词:公路　估算　办法　指标　公告

交通运输部办公厅　　2011 年 12 月 9 日印发

前　言

《公路基本建设工程投资估算编制办法》(交公路发〔1996〕611 号)自发布实施以来，对我国公路健康持续发展发挥了重要的作用，随着我国公路建设的发展，"安全、耐久、节约、和谐"理念的不断深入，新技术、新工艺、新设备、新材料的不断涌现，原编制办法和估算指标已不能满足实际要求。为此，根据交通运输部《关于下达 2009 年度公路工程标准制修订项目计划的通知》(厅公路字〔2009〕190 号)要求，中交公路规划设计院有限公司作为主编单位，负责《公路基本建设工程投资估算编制办法》及《公路工程估算指标》的修订工作。

本次修订得到了全国各省、自治区、直辖市公路(交通)工程定额(造价管理)站的大力支持。编制组广泛征求了有关单位的意见和建议，对估算指标中各项费用组成、费用计算方法、指标子目划分等进行了系统研究，在全面收集整理相关资料的基础上，编制、复核、审核并测算了估算水平。

修订后的《公路工程基本建设项目投资估算编制办法》由总则、投资估算编制方法、投资估算费用标准和计算方法及附录组成。本次修订对费用组成、费用计算、人工费计算进行了较大的调整。在直接费中增加"施工标准化与安全措施费"，在间接费中增加"规费"，将"工程保险费"列入预备费。费用计算基数采用"人工费"、"直接工程费"或"建筑安装工程费"，不再使用"定额基价"计算。

请各有关单位在使用中注意总结经验，将发现的问题和意见函告中交公路规划设计院有限公司交通公路工程定额站(地址：北京市西城区德外大街 85 号德胜国际 A 座 320，邮编 100088，电话：010-82017075，82017076)，以便下次修订时参考。

主 编 单 位：中交公路规划设计院有限公司

主要起草人：晏　宇　方　申　彭维和

目　　录

第一章 总　　则

一、投资估算是项目建议书和工程可行性研究报告的重要组成部分，是建设项目经济评价中支出费用的关键部分。为构建节约型公路行业，适应公路交通建设发展的需要，在公路建设项目前期合理确定和有效控制工程造价，提高公路建设项目投资估算的编制质量，规范投资估算文件的编制，制定《公路工程基本建设项目投资估算编制办法》（以下简称本办法）。

二、本办法适用于新建和改建的公路工程基本建设项目投资估算的编制和管理。具体计算方法和计费标准由各省、自治区、直辖市交通运输主管部门制定。

三、投资估算应根据项目建议书和工程可行性研究报告的工作深度，核实工程项目及其数量，结合工程所在地的建设条件，按现行《公路工程估算指标》（JTG/T M21）和本办法的规定编制。

四、投资估算编制必须严格执行国家的方针、政策和有关规定，并应符合公路工程行业标准、规范的规定。投资估算文件应达到的质量要求是：符合规定、结合实际、经济合理、提交及时、不重不漏、计算正确、字迹清晰、装订整齐完善。

五、投资估算应由具有相应资质的设计、工程（造价）咨询单位负责编制。编制、审核人员必须持有公路工程造价人员执业资格证书，并对工程造价文件的编制质量负责。

六、当一个建设项目由两个以上设计（咨询）单位共同承担设计时，各设计（咨询）单位应负责编制所承担设计的单项或单位工程投资估算，主体设计（咨询）单位应负责编制原则和依据、工程设备与材料价格、取费标准等的协调与统一，汇编总估算，并对全部估算的编制质量负责。

七、设计（咨询）单位应加强基本建设经济管理工作，配备和充实公路工程造价人员，切实做好投资估算的编制工作。公路工程造价人员应不断提高专业素质，掌握设计、施工情况，做好建设方案的经济比较，使技术工作和经济工作结合起来，全面、有效地提高前期工作质量，合理确定工程造价。

八、各省、自治区、直辖市交通运输主管部门，可在本办法的基础上结合当地实际情况制定补充规定，并报交通运输部备案。

第二章　投资估算编制方法

公路工程基本建设项目投资估算应以现行《公路工程估算指标》(JTG/T M21)为依据,根据现行《公路工程估算指标》(JTG/T M21)规定的各工程项目的人工、材料、机械台班消耗量和按本办法第三章规定的投资估算编制时工程所在地的人工费标准、材料预算单价和机械台班单价计算出各工程项目的工、料、机费用,并按本办法的规定计算各项费用。投资估算的材料、机械台班单价及各项费用的计算都应通过规定的表格反映。各种表格的计算顺序和相互关系如图 2-1 所示。

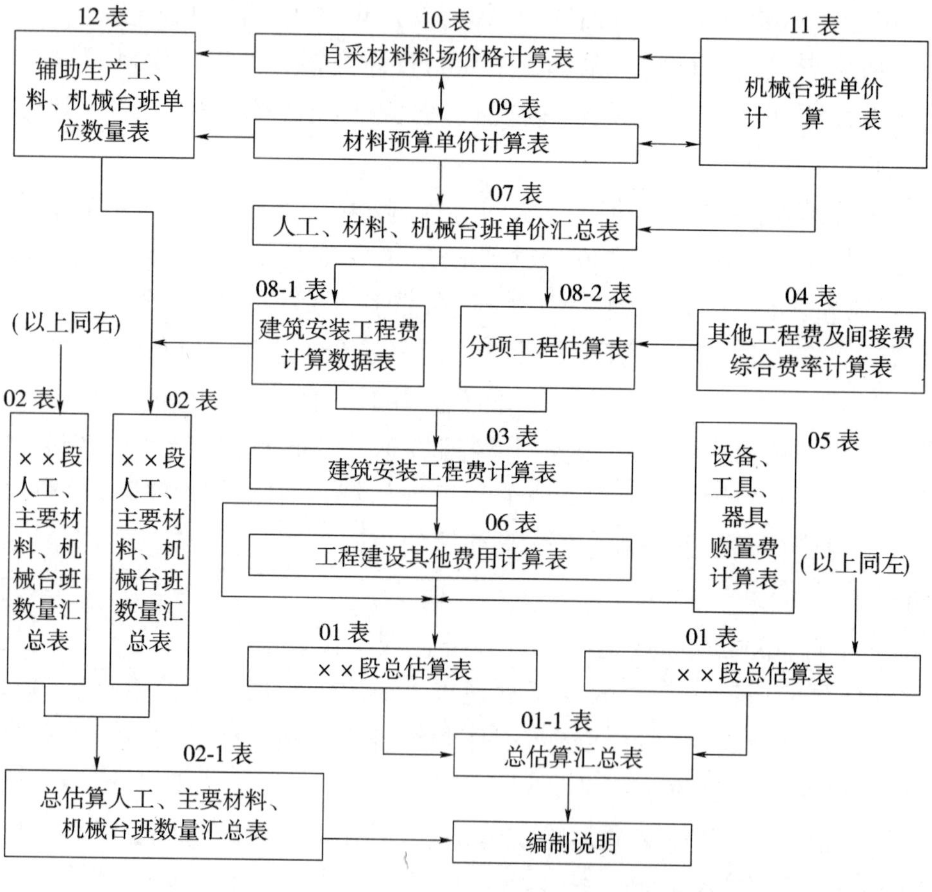

图 2-1　各种表格的计算顺序和相互关系

第一节　投资估算编制依据

投资估算编制依据如下:

(1)国家发布的有关法律、法规、规章、规程等；

(2)现行《公路工程估算指标》(JTG/T M21)、《公路工程概算定额》(JTG/T B06-01)、《公路工程预算定额》(JTG/T B06-02)、《公路工程机械台班费用定额》(JTG/T B06-03)及本办法；

(3)工程所在地省级交通运输主管部门发布的补充计价依据；

(4)批准的项目建议书等有关资料；

(5)项目建议书或工程可行性研究图纸等设计文件；

(6)工程所在地的人工、材料、机械及设备预算价格等；

(7)工程所在地的自然、技术、经济条件等资料；

(8)工程实施方案；

(9)有关合同、协议等；

(10)其他有关资料。

第二节　投资估算文件组成

投资估算文件由封面、扉页及目录，投资估算编制说明及全部投资估算计算表格组成。

一、封面、扉页及目录

投资估算文件的封面应按《公路建设项目可行性研究报告编制办法》的规定制作。扉页应有建设项目名称，编制单位，编制、复核人员姓名并加盖执业(从业)资格印章，编制日期及第几册共几册等内容。目录应按投资估算表的表号顺序编排。

二、投资估算编制说明

投资估算编制完成后，应编写编制说明，文字力求简明扼要。编制说明内容应包括：

(1)项目建议书或工程可行性研究报告的依据及有关文号、依据的资料及比选方案等；

(2)采用的估算指标、费用标准，人工费标准、材料预算单价、机械台班单价的依据或来源，补充指标及编制依据的详细说明；

(3)与投资估算有关的委托书、协议书、会议纪要的主要内容(或将抄件附后)；

(4)总投资估算金额，人工、钢材、水泥、沥青等总需要量情况，各建设方案的经济比较，以及编制中存在的问题；

(5)其他与投资估算有关但不能在表格中反映的事项。

三、投资估算表格

公路工程投资估算应按统一的投资估算表格计算(表格样式按附录二执行)。

四、甲组文件与乙组文件

投资估算文件按不同的需要分为两组，甲组文件为各项费用计算表，乙组文件为建筑安装工程费各项基础数据计算表(仅供审批使用)。甲、乙两组文件应按《公路建设项目可行性研究报告编制办法》关于文件报送份数的规定报送。报送乙组文件时，尚应提供

“建筑安装工程费计算数据表”(08-1 表)的电子文档和编制补充定额的详细资料。

乙组文件中的“建筑安装工程费计算数据表”(08-1 表)和“分项工程估算表”(08-2 表)应根据审批部门或建设项目业主单位的要求全部提供或仅提供其中的一种。

投资估算应按一个建设项目[如一条路线或一座独立大(中)桥、隧道]进行编制。当一个建设项目需要分段或分部编制时,应根据需要分别编制,但必须汇总编制“总估算汇总表”。

甲、乙两组文件应包括以下内容(图 2-2):

甲组文件:
- 编制说明
- 总估算汇总表(01-1 表)
- 总估算人工、主要材料、机械台班数量汇总表(02-1 表)
- ××段总估算表(01 表)
- ××段人工、主要材料、机械台班数量汇总表(02 表)
- 建筑安装工程费计算表(03 表)
- 其他工程费及间接费综合费率计算表(04 表)
- 设备、工具、器具购置费计算表(05 表)
- 工程建设其他费用计算表(06 表)
- 人工、材料、机械台班单价汇总表(07 表)

乙组文件:
- 建筑安装工程费计算数据表(08-1 表)
- 分项工程估算表(08-2 表)
- 材料预算单价计算表(09 表)
- 自采材料料场价格计算表(10 表)
- 机械台班单价计算表(11 表)
- 辅助生产工、料、机械台班单位数量表(12 表)

图 2-2　甲、乙两组文件的内容

第三节　投资估算项目

投资估算项目应按项目表的序列及内容编制,如实际出现的工程和费用项目与项目表的内容不完全相符时,第一至第三部分和“项”的序号应保留不变,“目”、“节”、“细目”可根据需要增减,并按项目表的顺序以实际出现的“目”、“节”、“细目”依次排列,不保留缺少的“目”、“节”、“细目”的序号。

当第二部分“设备及工具、器具购置费”在该项工程中不发生时,第三部分“工程建设其他费用”仍为第三部分。同样,路线工程第一部分第六项为隧道工程,第七项为公路设施及预埋管线工程,若路线中无隧道工程项目,其序号仍保留,公路设施及预埋管线工程仍为第七项。但如“目”或“节”或“细目”发生这样的情况时,可依次递补改变序号。

公路建设项目中的互通式立体交叉、辅道、支线,当工程规模较大时,也可按投资估算项目表单独编制建筑安装工程费,然后将其投资估算建筑安装工程总金额列入路线的总估算表中相应的项目内。

投资估算项目主要包括以下内容:

第一部分　建筑安装工程费

第一项　临时工程

第二项　路基工程

第三项　路面工程

第四项　桥梁涵洞工程

第五项　交叉工程

第六项　隧道工程

第七项　公路设施及预埋管线工程

第八项　绿化及环境保护工程

第九项　管理、养护及服务房屋

第二部分　设备及工具、器具购置费

第三部分　工程建设其他费用

项目表的详细内容按附录三执行。

第四节　投资估算费用组成

投资估算费用的组成如图 2-3 所示。

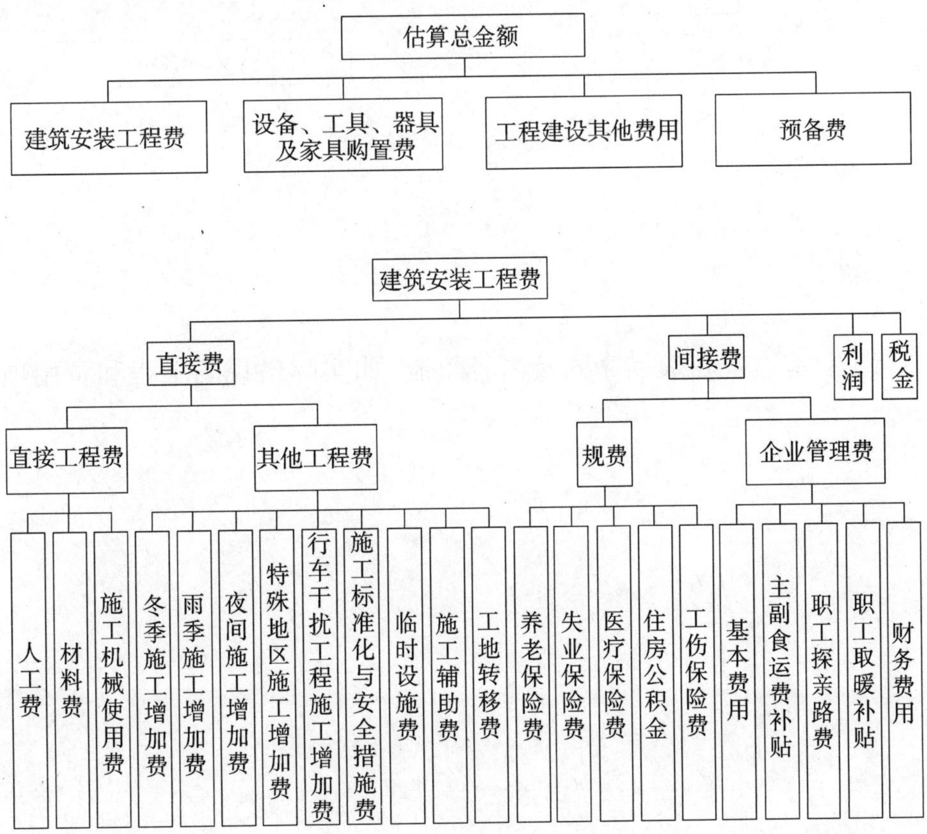

图 2-3

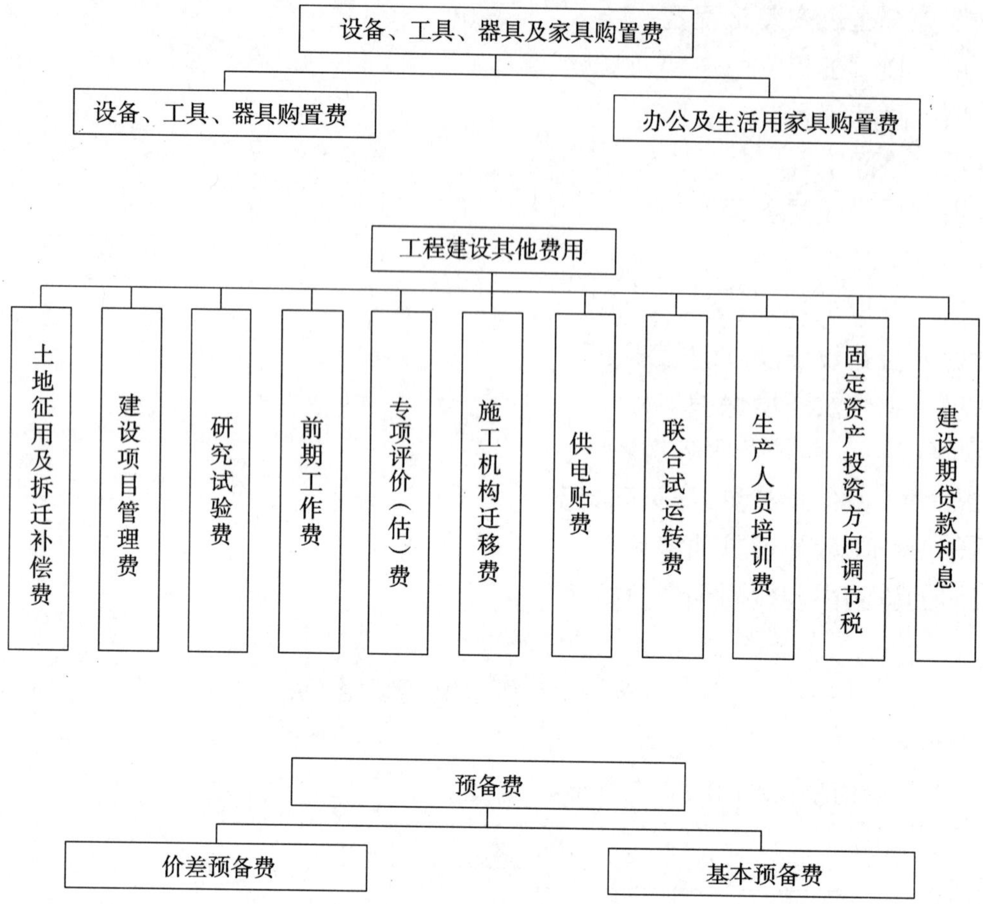

图 2-3　投资估算费用的组成

第三章　投资估算费用标准和计算方法

第一节　建筑安装工程费

建筑安装工程费包括直接费、间接费、利润及税金，其中直接费包括直接工程费和其他工程费，间接费包括规费和企业管理费。

一、工程类别划分

其他工程费及间接费取费标准的工程类别划分如下：

(1)人工土方：系指人工施工的路基、改河等土方工程，以及人工施工的砍树、挖根、除草、平整场地、挖盖山土等工程项目，并适用于无路面的便道工程。

(2)机械土方：系指机械施工的路基、改河等土方工程，以及机械施工的砍树、挖根、除草等工程项目。

(3)汽车运输：系指汽车、拖拉机、机动翻斗车等运输路基、改河土(石)方，路面基层和面层混合料，水泥混凝土及预制构件，绿化苗木等。

(4)人工石方：系指人工施工的路基、改河等石方工程，以及人工施工的挖盖山石项目。

(5)机械石方：系指机械施工的路基、改河等石方工程。

(6)高级路面：系指沥青混凝土路面、厂拌沥青碎石路面和水泥混凝土路面的面层。

(7)其他路面：系指除高级路面以外的其他路面面层，各等级路面的基层、底基层、垫层、透层、黏层、封层，采用结合料稳定的路基和经特殊处理的路基工程，以及有路面的便道工程。

(8)构造物Ⅰ：系指无夜间施工的桥梁、涵洞、防护(包括绿化)工程、交叉工程、交通工程及沿线设施工程[设备安装及金属标志牌、防撞钢护栏、防眩板(网)、隔离栅、防护网除外]，以及临时工程中的便桥、电力电信线路、轨道铺设等工程项目。

(9)构造物Ⅱ：系指有夜间施工的桥梁工程。

(10)构造物Ⅲ：系指商品混凝土(包括沥青混凝土和水泥混凝土)的浇筑和外购构件及设备的安装工程。商品混凝土和外购构件及设备的费用不作为其他工程费和间接费的计算基数。

(11)技术复杂大桥：系指单孔跨径在120m以上(含120m)和基础水深在10m以上(含10m)的大桥主桥部分的基础、下部和上部工程。

(12)隧道：系指隧道工程的洞门及洞内土建工程。

(13)钢材及钢结构:系指钢桥及其他桥的钢结构部分,钢沉井、钢围堰、钢套箱及钢护筒等基础工程,钢索塔,钢锚箱,钢筋及预应力钢材,模数式及橡胶板式伸缩缝,钢盆式橡胶支座,四氟板式橡胶支座,金属标志牌、防撞钢护栏、防眩板(网)、隔离栅、防护网等工程项目。

购买路基填料的费用不作为其他工程费和间接费的计算基数。

二、直接费

直接费由直接工程费和其他工程费组成。

(一)直接工程费

直接工程费是指施工过程中耗费的构成工程实体和有助于工程形成的各项费用,包括人工费、材料费、施工机械使用费。

1. 人工费

人工费系指列入现行《公路工程估算指标》(JTG/T M21)为直接从事建筑安装工程施工的生产工人开支的各项费用,内容包括:

(1)基本工资:系指发放生产工人的基本工资、流动施工津贴和生产工人劳动保护费,以及职工缴纳的养老、失业、医疗保险费和住房公积金等。

生产工人劳动保护费系指按国家有关部门规定标准发放的劳动保护用品的购置费及修理费、徒工服装补贴、防暑降温费、在有碍身体健康环境中施工的保健费用等。

(2)工资性补贴:系指按规定标准发放的物价补贴,煤、燃气补贴,交通补贴,地区津贴等。

(3)生产工人辅助工资:系指生产工人年有效施工天数以外非作业天数的工资,包括开会和执行必要的社会义务时间的工资,职工学习、培训期间的工资,调动工作、探亲、休假期间的工资,因气候影响停工期间的工资,女工哺乳时间的工资,病假在六个月以内的工资及产、婚、丧假期的工资。

(4)职工福利费:系指按国家规定标准计提的职工福利费。

人工费以现行《公路工程估算指标》(JTG/T M21)中人工工日数乘以人工费标准计算。

人工费标准按照本地区公路建设项目的人工工资统计情况并结合工种组成、定额消耗、最低工资标准以及公路建设劳务市场情况进行综合分析确定,由各省、自治区、直辖市交通运输厅(局、委)审批并公布。

人工费标准仅作为编制投资估算的依据,不作为施工企业实发工资的依据。

2. 材料费

材料费系指施工过程中耗用的构成工程实体的原材料、辅助材料、构(配)件、零件、半成品、成品的用量和周转材料的摊销量,按工程所在地的材料预算价格计算的费用。

材料预算价格由材料原价、运杂费、场外运输损耗、采购及仓库保管费组成,按式(3-1)计算:

$$\text{材料预算价格} = (\text{材料原价} + \text{运杂费}) \times (1 + \text{场外运输损耗率}) \times (1 + \text{采购及保管费率}) - \text{包装品回收价值} \quad (3\text{-}1)$$

(1)材料原价

各种材料原价按以下规定计算。

外购材料:国家或地方的工业产品,按工业产品出厂价格或供销部门的供应价格计算,并根据情况加计供销部门手续费和包装费。如供应情况、交货条件不明确时,可采用当地规定的价格计算。

地方性材料:地方性材料包括外购的砂、石材料等,按实际调查价格或当地主管部门规定的预算价格计算。

自采材料:自采的砂、石、黏土等自采材料,按现行《公路工程预算定额》(JTG/T B06-01)中开采单价加辅助生产间接费和矿产资源税(如有)计算。

材料原价应按实计取。各省、自治区、直辖市公路(交通)工程定额(造价管理)站应通过调查,编制本地区的材料价格信息,供编制投资估算使用。

(2)运杂费

运杂费系指材料自供应地点至工地仓库的运杂费用,包括装卸费、运费,如果发生,还应计囤存费及其他杂费(如过磅、标签、支撑加固、路桥通行等费用)。

通过铁路、水路和公路运输的材料,按当地交通运输部门规定的运价计算运费。

施工单位自办的运输,单程运距15km以上的长途汽车运输按当地交通运输部门规定的统一运价计算运费;单程运距5~15km的汽车运输按当地交通运输部门规定的统一运价计算运费,当工程所在地交通不便、社会运输力量缺乏时,允许按当地交通运输部门规定的统一运价加50%计算运费;单程运距5km及以内的汽车运输以及人力场外运输,按现行《公路工程预算定额》(JTG/T B06-01)计算运费,其中人力装卸和运输另按人工费加计辅助生产间接费。

一种材料如有两个以上的供应点时,应根据不同的运距、运量、运价采用加权平均的方法计算运费。

由于汽车运输台班已考虑工地便道特点,因此平均运距中汽车运输便道里程不得乘调整系数,也不得在工地仓库或堆料场之外再加场内运距或二次倒运的运距。

有容器或包装的材料及长大轻浮材料,应按表3-1规定的毛重计算。桶装沥青、汽油、柴油按每吨摊销一个旧汽油桶计算包装费(不计回收)。

表3-1　材料毛重系数及单位毛重表

材料名称	单　位	毛重系数	单位毛重
爆破材料	t	1.35	—
水泥、块状沥青	t	1.01	—
铁钉、铁件、焊条	t	1.10	—
液体沥青、液体燃料、水	t	桶装1.17,油罐车装1.00	—
木料	m^3	—	1.000t
草袋	个	—	0.004t

(3)场外运输损耗

场外运输损耗系指有些材料在正常的运输过程中发生的损耗,这部分损耗应摊入材料单价内。材料场外运输操作损耗率见表3-2。

表3-2 材料场外运输操作损耗率表(%)

材料名称		场外运输(包括一次装卸)	每增加一次装卸
块状沥青		0.5	0.2
石屑、碎砾石、砂砾、煤渣、工业废渣、煤		1.0	0.4
砖、瓦、桶装沥青、石灰、黏土		3.0	1.0
草皮		7.0	3.0
水泥(袋装、散装)		1.0	0.4
砂	一般地区	2.5	1.0
	多风地区	5.0	2.0

注:汽车运袋装水泥,如运距超过500km时,增加0.5%的损耗率。

(4)采购及保管费

材料采购及保管费系指材料供应部门(包括工地仓库以及各级材料管理部门)在组织采购、供应和保管材料过程中,所需的各项费用及工地仓库的材料储存损耗费用。

材料采购及保管费,以材料原价加运杂费及场外运输损耗的合计数为基数,乘以采购及保管费率计算。材料的采购及保管费费率为2.5%。

外购的构件、成品及半成品的预算价格,其计算方法与材料相同,但构件(如外购的钢桁梁、钢筋混凝土构件及加工钢材等半成品)的采购及保管费率为1%。

商品混凝土预算价格的计算方法与材料相同,但其采购及保管费率为0。

3. 施工机械使用费

施工机械使用费系指列入现行《公路工程估算指标》(JTG/T M21)的施工机械台班数量,按相应的机械台班费用定额计算的施工机械使用费和小型机具使用费。

施工机械台班预算价格应按现行《公路工程机械台班费用定额》(JTG/T B06-03)计算,台班单价由不变费用和可变费用组成。不变费用包括折旧费、大修费、经常修理费、安装拆卸及辅助设施费等;可变费用包括机上人员人工费、动力燃料费及车船使用税。可变费用中的人工工日数及动力燃料消耗量,应以机械台班费用定额中的数值为准。台班人工费标准同生产工人人工费标准。动力燃料费用则按材料费的计算规定计算。

当工程用电为自行发电时,电动机械每千瓦时(度)电的单价按式(3-2)计算:

$$A = 0.24 \times \frac{K}{N} \tag{3-2}$$

式中:A——每千瓦时电单价(元);

K——发电机组的台班单价(元);

N——发电机组的总功率(kW)。

(二)其他工程费

其他工程费系指直接工程费以外施工过程中发生的直接用于工程的费用,内容包括冬季施工增加费、雨季施工增加费、夜间施工增加费、特殊地区施工增加费、行车干扰工程施工增加费、施工标准化与安全措施费、临时设施费、施工辅助费、工地转移费等九项。公路工程中的水、电费及因场地狭小等特殊情况而发生的材料二次搬运等其他工程费已包含在现行《公路工程估算指标》(JTG/T M21)中,不再另计。

1. 冬季施工增加费

冬季施工增加费系指按照冬季施工时为保证工程质量和安全生产需采取的防寒保温设施、工效降低和机械作业率降低以及技术操作过程的改变等所增加的有关费用。

冬季施工增加费的内容包括:

(1)因冬季施工所需增加的人工、机械与材料的费用;

(2)施工机具所需修建的暖棚(包括拆、移)、增加油脂及其他保温设备费用;

(3)因施工组织设计确定需增加的保温、加温及照明等有关费用;

(4)与冬季施工有关的其他各项费用,如清除工作地点的冰雪等费用。

冬季气温区的划分根据气象部门提供的15年以上的气温资料确定。从每年秋冬第一次连续5天出现室外日平均温度在5℃以下、日最低温度在－3℃以下的第一天算起,至第二年春夏最后一次连续5天出现同样温度的最末一天为冬季期。冬季期内平均气温在－1℃以上者为冬一区,－1～－4℃者为冬二区,－4～－7℃者为冬三区,－7～－10℃者为冬四区,－10～－14℃者为冬五区,－14℃以下者为冬六区。冬一区内平均气温低于0℃的连续天数在70天以内的为Ⅰ副区,70天以上的为Ⅱ副区;冬二区内平均气温低于0℃的连续天数在100天以内的为Ⅰ副区,100天以上的为Ⅱ副区。

气温高于冬一区,但砖石、混凝土工程施工必须采取一定措施的地区为准冬季区。准冬季区分两个副区,简称准一区和准二区。凡一年内日最低气温在0℃以下的天数多于20天的,日平均气温在0℃以下的天数少于15天的为准一区,多于15天的为准二区。

全国冬季施工气温区划分表见附录四。若当地气温资料与附录四中划定的冬季气温区划分有较大出入时,可按当地气温资料及上述划分标准确定工程所在地的冬季气温区。

冬季施工增加费的计算方法,是根据各类工程的特点,规定各气温区的取费标准。为了简化计算,采用全年平均摊销的方法,即不论是否在冬季施工,均按规定的取费标准计取冬季施工增加费。一条路线穿过两个以上的气温区时,可分段计算或按各区的工程量比例求得全线的平均增加率,计算冬季施工增加费。

冬季施工增加费以各类工程的直接工程费之和为基数,按工程所在地的气温区选用表3-3的费率计算。

2. 雨季施工增加费

雨季施工增加费系指雨季期间施工时为保证工程质量和安全生产所需采取的防雨、排水、防潮和防护措施,工效降低和机械作业率降低以及施工作业过程改变等增加的有关费用。

雨季施工增加费的内容包括:

(1)因雨季施工所需增加的工、料、机费用,包括工效降低及易被雨水冲毁的工程所增加的工作内容等(如基坑坍塌和排水沟等堵塞的清理、路基边坡冲沟的填补等);

(2)路基土方工程的开挖和运输,因雨季施工(非土壤中水影响)而引起的黏附工具、

降低工效所增加的费用;

表 3-3　冬季施工增加费费率表(%)

工程类别	冬季期平均气温(℃)								准一区	准二区
	-1 以上		-1 ~ -4		-4 ~ -7	-7 ~ -10	-10 ~ -14	-14 以下		
	冬一区		冬二区		冬三区	冬四区	冬五区	冬六区		
	Ⅰ	Ⅱ	Ⅰ	Ⅱ						
人工土方	0.28	0.44	0.59	0.76	1.44	2.05	3.07	4.61	—	—
机械土方	0.43	0.67	0.93	1.17	2.21	3.14	4.71	7.07	—	—
汽车运输	0.08	0.12	0.17	0.21	0.40	0.56	0.84	1.27	—	—
人工石方	0.06	0.10	0.13	0.15	0.30	0.44	0.65	0.98	—	—
机械石方	0.08	0.13	0.18	0.21	0.42	0.61	0.91	1.37	—	—
高级路面	0.37	0.52	0.72	0.81	1.48	2.00	3.00	4.50	0.06	0.16
其他路面	0.11	0.20	0.29	0.37	0.62	0.80	1.20	1.80	—	—
构造物Ⅰ	0.34	0.49	0.66	0.75	1.36	1.84	2.76	4.14	0.06	0.15
构造物Ⅱ	0.42	0.60	0.81	0.92	1.67	2.27	3.40	5.10	0.08	0.19
构造物Ⅲ	0.83	1.18	1.60	1.81	3.29	4.46	6.69	10.03	0.15	0.37
技术复杂大桥	0.48	0.68	0.93	1.05	1.91	2.58	3.87	5.81	0.08	0.21
隧道	0.10	0.19	0.27	0.35	0.58	0.75	1.12	1.69	—	—
钢材及钢结构	0.02	0.05	0.07	0.09	0.15	0.19	0.29	0.43	—	—

(3)因防止雨水必须采取的防护措施的费用,如挖临时排水沟,防止基坑坍塌所需的支撑、挡板等;

(4)材料因受潮、受湿的耗损费用;

(5)增加防雨、防潮设备的费用;

(6)其他有关雨季施工所需增加的费用,如因河水高涨致使工作困难而增加的费用等。

雨量区和雨季期的划分根据气象部门提供的 15 年以上的降雨资料确定。凡月平均降雨天数在 10 天以上,月平均日降雨量在 3.5 ~ 5mm 之间者为Ⅰ区,月平均日降雨量在 5mm 以上者为Ⅱ区。全国雨季施工雨量区及雨季期划分表见附录五。若当地气象资料与附录五所划定的雨量区及雨季期出入较大时,可按当地气象资料及上述划分标准确定工程所在地的雨量区及雨季期。

雨季施工增加费的计算方法,是将全国划分为若干雨量区和雨季期,并根据各类工程的特点规定各雨量区和雨季期的取费标准,采用全年平均摊销的方法,即不论是否在雨季施工,均按规定的取费标准计取雨季施工增加费。

一条路线通过不同的雨量区和雨季期时,应分别计算雨季施工增加费或按工程量比例求得平均的增加率,计算全线雨季施工增加费。

雨季施工增加费以各类工程的直接工程费之和为基数,按工程所在地的雨量区、雨季期选用表 3-4 的费率计算。

表 3-4　雨季施工增加费费率表(%)

雨季期(月数)	1	1.5	2		2.5		3		3.5		4		4.5		5		6		7	8
雨量区	Ⅰ	Ⅰ	Ⅰ	Ⅱ	Ⅰ	Ⅱ	Ⅰ	Ⅱ	Ⅰ	Ⅱ	Ⅰ	Ⅱ	Ⅰ	Ⅱ	Ⅰ	Ⅱ	Ⅰ	Ⅱ	Ⅱ	Ⅱ
人工土方	0.04	0.05	0.07	0.11	0.09	0.13	0.11	0.15	0.13	0.17	0.15	0.20	0.17	0.23	0.19	0.26	0.21	0.31	0.36	0.42
机械土方	0.04	0.05	0.07	0.11	0.09	0.13	0.11	0.15	0.13	0.17	0.15	0.20	0.17	0.23	0.19	0.27	0.22	0.32	0.37	0.43
汽车运输	0.04	0.05	0.07	0.11	0.09	0.13	0.11	0.16	0.13	0.19	0.15	0.22	0.17	0.25	0.19	0.27	0.22	0.32	0.37	0.43
人工石方	0.02	0.03	0.05	0.07	0.06	0.09	0.07	0.11	0.08	0.13	0.09	0.15	0.10	0.17	0.12	0.19	0.15	0.23	0.27	0.32
机械石方	0.03	0.04	0.06	0.10	0.08	0.12	0.10	0.14	0.12	0.16	0.14	0.19	0.16	0.22	0.18	0.25	0.20	0.29	0.34	0.39
高级路面	0.03	0.04	0.06	0.10	0.08	0.13	0.10	0.15	0.12	0.17	0.14	0.19	0.16	0.22	0.18	0.25	0.20	0.29	0.34	0.39
其他路面	0.03	0.04	0.06	0.09	0.08	0.12	0.09	0.14	0.10	0.16	0.12	0.18	0.14	0.21	0.16	0.24	0.19	0.28	0.32	0.37
构造物Ⅰ	0.03	0.04	0.05	0.08	0.06	0.09	0.07	0.11	0.08	0.13	0.10	0.15	0.12	0.17	0.14	0.19	0.16	0.23	0.27	0.31
构造物Ⅱ	0.03	0.04	0.05	0.08	0.07	0.10	0.08	0.12	0.09	0.14	0.11	0.16	0.13	0.18	0.15	0.21	0.17	0.25	0.30	0.34
构造物Ⅲ	0.06	0.08	0.11	0.17	0.14	0.21	0.17	0.25	0.20	0.30	0.23	0.35	0.27	0.40	0.31	0.45	0.35	0.52	0.60	0.69
技术复杂大桥	0.03	0.05	0.07	0.10	0.08	0.12	0.10	0.14	0.12	0.16	0.14	0.19	0.16	0.22	0.18	0.25	0.2	0.29	0.34	0.39
隧道	—	—	—	—	—	—	—	—	—	—	—	—	—	—	—	—	—	—	—	—
钢材及钢结构	—	—	—	—	—	—	—	—	—	—	—	—	—	—	—	—	—	—	—	—

室内管道及设备安装工程不计雨季施工增加费。

3. 夜间施工增加费

夜间施工增加费系指必须在夜间连续施工而发生的工效降低、夜班津贴以及有关照明设施(包括所需照明设施的安拆、摊销、维修及油燃料、电)等增加的费用。

夜间施工增加费以夜间施工工程项目(如桥梁工程项目包括上、下部构造全部工程)的直接工程费之和为基数,按表 3-5 的费率计算。

表 3-5　夜间施工增加费费率表(%)

工程类别	费率	工程类别	费率
构造物Ⅱ	0.35	技术复杂大桥	0.35
构造物Ⅲ	0.70	钢材及钢结构	0.35

设备安装工程及金属标志牌、防撞钢护栏、防眩板(网)、隔离栅、防护网等不计夜间施工增加费。

4. 特殊地区施工增加费

特殊地区施工增加费包括高原地区施工增加费、风沙地区施工增加费和沿海地区施工增加费三项。

(1)高原地区施工增加费

高原地区施工增加费系指在海拔高度 1500m 以上地区施工,由于受气候、气压的影响,致使人工、机械效率降低而增加的费用。该费用以各类工程人工费和机械使用费之和为基数,按表 3-6 的费率计算。

一条路线通过两个以上(含两个)不同的海拔高度分区时,应分别计算高原地区施工增加费或按工程量比例求得平均的增加率,计算全线高原地区施工增加费。

表 3-6　高原地区施工增加费费率表(%)

工程类别	海拔高度(m)							
	1501～2000	2001～2500	2501～3000	3001～3500	3501～4000	4001～4500	4501～5000	5000 以上
人工土方	7.00	13.25	19.75	29.75	43.25	60.00	80.00	110.00
机械土方	6.56	12.60	18.66	25.60	36.05	49.08	64.72	83.80
汽车运输	6.50	12.50	18.50	25.00	35.00	47.50	62.50	80.00
人工石方	7.00	13.25	19.75	29.75	43.25	60.00	80.00	110.00
机械石方	6.71	12.82	19.03	27.01	38.50	52.80	69.92	92.72
高级路面	6.58	12.61	18.69	25.72	36.26	49.41	65.17	84.58
其他路面	6.73	12.84	19.07	27.15	38.74	53.17	70.44	93.60
构造物Ⅰ	6.87	13.06	19.44	28.56	41.18	56.86	75.61	102.47
构造物Ⅱ	6.77	12.90	19.17	27.54	39.41	54.18	71.85	96.03
构造物Ⅲ	6.73	12.85	19.08	27.19	38.81	53.27	70.57	93.84
技术复杂大桥	6.70	12.81	19.01	26.94	38.37	52.61	69.65	92.27
隧道	6.76	12.90	19.16	27.50	39.35	54.09	71.72	95.81
钢材及钢结构	6.78	12.92	19.20	27.66	39.62	54.50	72.30	96.80

(2)风沙地区施工增加费

风沙地区施工增加费系指在沙漠地区施工时,由于受风沙影响为保证工程质量和安全生产而增加的费用,内容包括防风、防沙及气候影响的措施费,材料费,人工、机械效率降低增加的费用,以及因积沙及风蚀所需的清理修复等费用。

风沙地区的划分,根据《公路自然区划标准》(JTJ 003—86)的公路自然区划和沙漠公路区划,结合风沙地区的气候状况将风沙地区分为三区九类:半干旱、半湿润沙地为风沙一区,干旱、极干旱寒冷沙漠地区为风沙二区,极干旱炎热沙漠地区为风沙三区;根据覆盖度(沙漠中植被、戈壁等覆盖程度)又将每区分为固定沙漠(覆盖度 >50%)、半固定沙漠(覆盖度 10% ~50%)、流动沙漠(覆盖度 <10%)三类,覆盖度由工程勘察设计人员在公路工程勘察设计时确定。

全国风沙地区公路施工区划见附录六。若当地气象资料及自然特征与附录六中的风沙地区划分有较大出入时,由项目所在省、自治区、直辖市公路(交通)工程定额(造价管理)站按当地气象资料和自然特征及上述划分标准确定工程所在地的风沙区划,并抄送交通运输部公路局备案。

一条路线穿过两个以上不同风沙区时,按路线经过不同风沙区的长度加权计算项目全线风沙地区施工增加费。

风沙地区施工增加费以各类工程的人工费和机械使用费之和为基数,根据工程所在地的风沙区划及类别,按表 3-7 的费率计算。

表 3-7　风沙地区施工增加费费率表(%)

工程类别	风沙一区			风沙二区			风沙三区		
	沙漠类型								
	固定	半固定	流动	固定	半固定	流动	固定	半固定	流动
人工土方	6.00	11.00	18.00	7.00	17.00	26.00	11.00	24.00	37.00
机械土方	4.00	7.00	12.00	5.00	11.00	17.00	7.00	15.00	24.00
汽车运输	4.00	8.00	13.00	5.00	12.00	18.00	8.00	17.00	26.00
人工石方	—	—	—	—	—	—	—	—	—
机械石方	—	—	—	—	—	—	—	—	—
高级路面	0.50	1.00	2.00	1.00	2.00	3.00	2.00	3.00	5.00
其他路面	2.00	4.00	7.00	3.00	7.00	10.00	4.00	10.00	15.00
构造物Ⅰ	4.00	7.00	12.00	5.00	11.00	17.00	7.00	16.00	24.00
构造物Ⅱ	—	—	—	—	—	—	—	—	—
构造物Ⅲ	—	—	—	—	—	—	—	—	—
技术复杂大桥	—	—	—	—	—	—	—	—	—
隧道	—	—	—	—	—	—	—	—	—
钢材及钢结构	1.00	2.00	4.00	1.00	3.00	5.00	2.00	5.00	7.00

(3)沿海地区工程施工增加费

沿海地区工程施工增加费系指工程项目在沿海地区施工受海风、海浪和潮汐的影响,致使人工、机械效率降低等所需增加的费用。本项费用,由沿海各省、自治区、直辖市交通运输主管部门制定具体的适用范围(地区),并抄送交通运输部公路局备案。

沿海地区工程施工增加费以各类工程的直接工程费之和为基数,按表 3-8 的费率计算。

表 3-8　沿海地区工程施工增加费费率表(%)

工　程　类　别	费　　率	工　程　类　别	费　　率
构造物Ⅱ	0.15	技术复杂大桥	0.15
构造物Ⅲ	0.15	钢材及钢结构	0.15

5. 行车干扰工程施工增加费

行车干扰工程施工增加费系指由于边施工边维持通车,受行车干扰的影响,致使人工、机械效率降低而增加的费用。该费用以受行车影响部分的工程项目的人工费和机械使用费之和为基数,按表 3-9 的费率计算。

表 3-9　行车干扰工程施工增加费费率表(%)

工　程　类　别	施工期间平均每昼夜双向行车次数(汽车、畜力车合计)							
	51 ~ 100	101 ~ 500	501 ~ 1000	1001 ~ 2000	2001 ~ 3000	3001 ~ 4000	4001 ~ 5000	5000 以上
人工土方	1.64	2.46	3.28	4.10	4.76	5.29	5.86	6.44
机械土方	1.39	2.19	3.00	3.89	4.51	5.02	5.56	6.11

续上表

工 程 类 别	施工期间平均每昼夜双向行车次数(汽车、畜力车合计)							
	51 ~ 100	101 ~ 500	501 ~ 1000	1001 ~ 2000	2001 ~ 3000	3001 ~ 4000	4001 ~ 5000	5000 以上
汽车运输	1.36	2.09	2.85	3.75	4.35	4.84	5.36	5.89
人工石方	1.66	2.40	3.33	4.06	4.71	5.24	5.81	6.37
机械石方	1.16	1.71	2.38	3.19	3.70	4.12	4.56	5.01
高级路面	1.24	1.87	2.50	3.11	3.61	4.01	4.45	4.88
其他路面	1.17	1.77	2.36	2.94	3.41	3.79	4.20	4.62
构造物Ⅰ	0.94	1.41	1.89	2.36	2.74	3.04	3.37	3.71
构造物Ⅱ	0.95	1.43	1.90	2.37	2.75	3.06	3.39	3.72
构造物Ⅲ	0.95	1.42	1.90	2.37	2.75	3.05	3.38	3.72
技术复杂大桥	—	—	—	—	—	—	—	—
隧道	—	—	—	—	—	—	—	—
钢材及钢结构	—	—	—	—	—	—	—	—

6. 施工标准化与安全措施费

施工标准化与安全措施费系指工程施工期间为满足安全生产、施工标准化、规范化、精细化所发生的费用。该费用不包括施工期间为保证交通安全而设置的临时安全设施和标志、标牌的费用,需要时,应根据设计要求计算。该费用也不包括预制场、拌和站、临时便道、临时便桥的施工标准化费用,应根据施工组织标准化要求单独计算。施工标准化与安全措施费以各类工程的直接工程费之和为基数,按表3-10的费率计算。

表3-10 施工标准化与安全措施费费率表(%)

工程类别	费 率	工程类别	费 率
人工土方	0.89	构造物Ⅰ	1.08
机械土方	0.89	构造物Ⅱ	1.17
汽车运输	0.32	构造物Ⅲ	2.36
人工石方	0.89	技术复杂大桥	1.29
机械石方	0.89	隧道	1.10
高级路面	1.50	钢材及钢结构	0.80
其他路面	1.53		

7. 临时设施费

临时设施费系指施工企业为进行建筑安装工程施工所必需的生活和生产用的临时建筑物、构筑物和其他临时设施及其标准化的费用等,但不包括概、预算定额中的临时工程在内。

临时设施包括:临时生活及居住房屋(包括职工家属房屋及探亲房屋)、文化福利及公用房屋(如广播室、文体活动室等)和生产、办公房屋(如原材料、半成品、成品存放场及库房、加工厂、钢筋加工场、发电站、变电站、空压机站、停机棚等),工地范围内的各种临时的工作便道(包括汽车、畜力车、人力车道)、人行便道,工地临时用水、用电的水管支线和电线支线,临时构筑物(如水井、水塔等)以及其他小型临时设施。

临时设施费用内容包括:临时设施的搭设、维修、拆除费或摊销费。

临时设施费以各类工程的直接工程费之和为基数,按表3-11的费率计算。

表3-11　临时设施费费率表(%)

工程类别	费　率	工程类别	费　率
人工土方	1.73	构造物Ⅰ	2.92
机械土方	1.56	构造物Ⅱ	3.45
汽车运输	1.01	构造物Ⅲ	6.39
人工石方	1.76	技术复杂大桥	3.21
机械石方	2.17	隧道	2.83
高级路面	2.11	钢材及钢结构	2.73
其他路面	2.06		

8.施工辅助费

施工辅助费包括生产工具用具使用费、检验试验费和工程定位复测、工程点交、场地清理等费用。

生产工具用具使用费系指施工所需不属于固定资产的生产工具、检验、试验用具及仪器、仪表等的购置、摊销和维修费,以及支付给生产工人自备工具的补贴费。

检验试验费系指施工企业对建筑材料、构件和建筑安装工程进行一般鉴定、检查所发生的费用,包括自设试验室进行试验所耗用的材料和化学药品的费用,以及技术创新和研究试验费。但不包括新结构、新材料的试验费和建设单位要求对具有出厂合格证明的材料进行检验、对构件进行破坏性试验及其他特殊要求检验的费用。

施工辅助费以各类工程的直接工程费之和为基数,按表3-12的费率计算。

表3-12　施工辅助费费率表(%)

工程类别	费　率	工程类别	费　率
人工土方	0.89	构造物Ⅰ	1.30
机械土方	0.49	构造物Ⅱ	1.56
汽车运输	0.16	构造物Ⅲ	3.03
人工石方	0.85	技术复杂大桥	1.68
机械石方	0.46	隧道	1.23
高级路面	0.80	钢材及钢结构	0.56
其他路面	0.74		

9.工地转移费

工地转移费系指施工企业根据建设任务的需要,由已竣工的工地或后方基地迁至新工地的搬迁费用。

工地转移费的内容包括:

(1)施工单位全体职工及随职工迁移的家属向新工地转移的车费、家具行李运费、途

中住宿费、行程补助费、杂费及工资与工资附加费等;

(2)公物、工具、施工设备器材、施工机械的运杂费,以及外租机械的往返费及本工程内部各工地之间施工机械、设备、公物、工具的转移费等;

(3)非固定工人进退场及一条路线中各工地转移的费用。

工地转移费以各类工程的直接工程费之和为基数,按表3-13的费率计算。

表3-13 工地转移费费率表(%)

工程类别	工地转移距离(km)					
	50	100	300	500	1000	每增加100
人工土方	0.15	0.21	0.32	0.43	0.56	0.03
机械土方	0.50	0.67	1.05	1.37	1.82	0.08
汽车运输	0.31	0.40	0.62	0.82	1.07	0.05
人工石方	0.16	0.22	0.33	0.45	0.58	0.03
机械石方	0.36	0.43	0.74	0.97	1.28	0.06
高级路面	0.61	0.83	1.30	1.70	2.27	0.12
其他路面	0.56	0.75	1.18	1.54	2.06	0.10
构造物Ⅰ	0.56	0.75	1.18	1.54	2.06	0.11
构造物Ⅱ	0.66	0.89	1.40	1.83	2.45	0.13
构造物Ⅲ	1.31	1.77	2.77	3.62	4.85	0.25
技术复杂大桥	0.75	1.01	1.58	2.06	2.76	0.14
隧道	0.52	0.71	1.11	1.45	1.94	0.10
钢材及钢结构	0.72	0.97	1.51	1.97	2.64	0.13

转移距离以工程承包单位(如工程处、工程公司等)转移前后驻地距离或两路线中点的距离为准;编制投资估算时,如施工单位不明确,高速、一级公路及独立大桥、隧道按省会(自治区首府)至工地的里程,二级及以下公路按地区(市、盟)至工地的里程计算工地转移费;工地转移里程数在表列里程之间时,费率可内插计算。工地转移距离在50km以内的工程不计取本项费用。

三、间接费

间接费由规费和企业管理费两项组成。

(一)规费

规费系指法律、法规、规章、规程规定施工企业必须缴纳的费用(简称规费)。规费包括:

1. 养老保险费

系指施工企业按规定标准为职工缴纳的基本养老保险费。

2. 失业保险费

系指施工企业按国家规定标准为职工缴纳的失业保险费。

3. 医疗保险费

系指施工企业按规定标准为职工缴纳的基本医疗保险费和生育保险费。

4. 住房公积金

系指施工企业按规定标准为职工缴纳的住房公积金。

5. 工伤保险费

系指施工企业按规定标准为职工缴纳的工伤保险费。

各项规费以各类工程的人工费之和为基数，按国家或工程所在地相关部门规定的标准计算。

（二）企业管理费

企业管理费由基本费用、主副食运费补贴、职工探亲路费、职工取暖补贴和财务费用五项组成。

1. 基本费用

企业管理费基本费用系指施工企业为组织施工生产和经营管理所需的费用，内容包括：

（1）管理人员工资：系指管理人员的基本工资、工资性补贴、职工福利费、劳动保护费以及缴纳的养老、失业、医疗、生育、工伤保险费和住房公积金等。

（2）办公费：系指企业办公用的文具、纸张、账表、印刷、邮电、书报、会议、水、电、烧水和集体取暖（包括现场临时宿舍取暖）用煤（气）等费用。

（3）差旅交通费：系指职工因公出差和工作调动（包括随行家属的旅费）的差旅费、住勤补助费，市内交通费和误餐补助费，职工探亲路费，劳动力招募费，职工离退休、退职一次性路费，工伤人员就医路费，以及管理部门使用的交通工具的油料、燃料及牌照费。

（4）固定资产使用费：系指管理和试验部门及附属生产单位使用的属于固定资产的房屋、设备、仪器等的折旧、大修、维修或租赁费等。

（5）工具用具使用费：系指管理使用的不属于固定资产的生产工具、器具、家具、交通工具和检验、试验、测绘、消防用具等的购置、维修和摊销费。

（6）劳动保险费：系指企业支付离退休职工的易地安家补助费、职工退职金，六个月以上的病假人员工资，职工死亡丧葬补助费、抚恤费，按规定支付给离休干部的各项经费。

（7）工会经费：系指企业按职工工资总额计提的工会经费。

（8）职工教育经费：系指企业为职工学习先进技术和提高文化水平，按职工工资总额的计提的费用。

（9）保险费：系指企业财产保险、管理用车辆等保险费用。

（10）工程保修费：系指工程竣工交付使用后，在规定保修期以内的修理费用。

（11）工程排污费：系指施工现场按规定缴纳的排污费用。

（12）税金：系指企业按规定缴纳的房产税、车船使用税、土地使用税、印花税等。

（13）其他：系指上述项目以外的其他必要的费用支出，包括技术转让费、技术开发费、业务招待费、绿化费、广告费、投标费、公证费、定额测定费、法律顾问费、审计费、咨询费等。

基本费用以各类工程的直接费之和为基数,按表3-14的费率计算。

表3-14 基本费用费率表(%)

工程类别	费率	工程类别	费率
人工土方	3.36	构造物Ⅰ	4.44
机械土方	3.26	构造物Ⅱ	5.53
汽车运输	1.44	构造物Ⅲ	9.79
人工石方	3.45	技术复杂大桥	4.72
机械石方	3.28	隧道	4.22
高级路面	1.91	钢材及钢结构	2.42
其他路面	3.28		

2. 主副食运费补贴

主副食运费补贴系指施工企业在远离城镇及乡村的野外施工购买生活必需品所需增加的费用。该费用以各类工程的直接费之和为基数,按表3-15的费率计算。

表3-15 主副食运费补贴费率表(%)

工程类别	综合里程(km)											
	1	3	5	8	10	15	20	25	30	40	50	每增加10
人工土方	0.17	0.25	0.31	0.39	0.45	0.56	0.67	0.76	0.89	1.06	1.22	0.16
机械土方	0.13	0.19	0.24	0.30	0.35	0.43	0.52	0.59	0.69	0.81	0.95	0.13
汽车运输	0.14	0.20	0.25	0.32	0.37	0.45	0.55	0.62	0.73	0.86	1.00	0.14
人工石方	0.13	0.19	0.24	0.30	0.34	0.42	0.51	0.58	0.67	0.80	0.92	0.12
机械石方	0.12	0.18	0.22	0.28	0.33	0.41	0.49	0.55	0.65	0.76	0.89	0.12
高级路面	0.08	0.12	0.15	0.20	0.22	0.28	0.33	0.38	0.44	0.52	0.60	0.08
其他路面	0.09	0.12	0.15	0.20	0.22	0.28	0.33	0.38	0.44	0.52	0.61	0.09
构造物Ⅰ	0.13	0.18	0.23	0.28	0.32	0.40	0.49	0.55	0.65	0.76	0.89	0.12
构造物Ⅱ	0.14	0.20	0.25	0.30	0.35	0.43	0.52	0.60	0.70	0.83	0.96	0.13
构造物Ⅲ	0.25	0.36	0.45	0.55	0.64	0.79	0.96	1.09	1.28	1.51	1.76	0.24
技术复杂大桥	0.11	0.16	0.20	0.25	0.29	0.36	0.43	0.49	0.57	0.68	0.79	0.11
隧道	0.11	0.16	0.19	0.24	0.28	0.34	0.42	0.48	0.56	0.66	0.77	0.10
钢材及钢结构	0.11	0.16	0.20	0.26	0.30	0.37	0.44	0.50	0.59	0.69	0.80	0.11

粮食、燃料、蔬菜、水的运距均为全线平均运距。综合里程数在表列里程之间时,费率可内插。综合里程在1km以内的工程不计取本项费用。综合里程按式(3-3)计算:

$$综合里程 = 粮食运距 \times 0.06 + 燃料运距 \times 0.09 + 蔬菜运距 \times 0.15 + 水运距 \times 0.70 \tag{3-3}$$

3. 职工探亲路费

职工探亲路费系指按照有关规定施工企业职工在探亲期间发生的往返车船费、市内交通费和途中住宿费等费用。该费用以各类工程的直接费之和为基数,按表3-16的费率计算。

表3-16 职工探亲路费费率表(%)

工程类别	费率	工程类别	费率
人工土方	0.10	构造物Ⅰ	0.29
机械土方	0.22	构造物Ⅱ	0.34
汽车运输	0.14	构造物Ⅲ	0.55
人工石方	0.10	技术复杂大桥	0.20
机械石方	0.22	隧道	0.27
高级路面	0.14	钢材及钢结构	0.16
其他路面	0.16		

4.职工取暖补贴

职工取暖补贴系指按规定发放给职工的冬季取暖费或在施工现场设置的临时取暖设施的费用。该费用以各类工程的直接费之和为基数,按工程所在地的气温区(见附录四)选用表3-17的费率计算。

表3-17 职工取暖补贴费费率表(%)

工程类别	气温区						
	准二区	冬一区	冬二区	冬三区	冬四区	冬五区	冬六区
人工土方	0.03	0.06	0.10	0.15	0.17	0.26	0.31
机械土方	0.06	0.13	0.22	0.33	0.44	0.55	0.66
汽车运输	0.06	0.12	0.21	0.31	0.41	0.51	0.62
人工石方	0.03	0.06	0.10	0.15	0.17	0.25	0.31
机械石方	0.05	0.11	0.17	0.26	0.35	0.44	0.53
高级路面	0.04	0.07	0.13	0.19	0.25	0.31	0.38
其他路面	0.04	0.07	0.12	0.18	0.24	0.30	0.36
构造物Ⅰ	0.06	0.12	0.19	0.28	0.36	0.46	0.56
构造物Ⅱ	0.06	0.13	0.20	0.30	0.41	0.51	0.62
构造物Ⅲ	0.11	0.23	0.37	0.56	0.74	0.93	1.13
技术复杂大桥	0.05	0.10	0.17	0.26	0.34	0.42	0.51
隧道	0.04	0.08	0.14	0.22	0.28	0.36	0.43
钢材及钢结构	0.04	0.07	0.12	0.19	0.25	0.31	0.37

5.财务费用

财务费用系指施工企业为筹集资金而发生的各项费用,包括企业经营期间发生的短期贷款利息净支出、汇兑净损失、调剂外汇手续费、金融机构手续费,以及企业筹集资金发生的其他财务费用。财务费用以各类工程的直接费之和为基数,按表3-18的费率计算。

表3-18　财务费用费率表(%)

工程类别	费率	工程类别	费率
人工土方	0.23	构造物Ⅰ	0.37
机械土方	0.21	构造物Ⅱ	0.40
汽车运输	0.21	构造物Ⅲ	0.82
人工石方	0.22	技术复杂大桥	0.46
机械石方	0.20	隧道	0.39
高级路面	0.27	钢材及钢结构	0.48
其他路面	0.30		

(三)辅助生产间接费

辅助生产间接费系指由施工单位自行开采加工的砂、石等自采材料及施工单位自办的人工装卸和运输的间接费。

辅助生产间接费按人工费的5%计。该项费用并入材料预算单价内构成材料费,不直接出现在投资估算中。

高原地区施工单位的辅助生产,可按其他工程费中高原地区施工增加费费率,以直接工程费为基数计算高原地区施工增加费(其中:人工采集、加工材料、人工装卸、运输材料按人工土方费率计算;机械采集、加工材料按机械石方费率计算;机械装、运输材料按汽车运输费率计算)。辅助生产高原地区施工增加费不作为辅助生产间接费的计算基数。

四、利润

利润系指施工企业完成所承包工程应取得的盈利。利润按直接费与间接费之和扣除规费的7%计算。

五、税金

税金系指按国家税法规定应计入建筑安装工程造价内的营业税、城市维护建设税及教育费附加等。

税金按式(3-4)计算:

$$税金=(直接费+间接费+利润)\times综合税率 \tag{3-4}$$

税金的综合税率按3.41%计算。

第二节　设备、工具、器具及家具购置费

一、设备购置费

设备购置费系指为满足公路的运营、管理、养护需要,购置的达到固定资产标准的设备和虽低于固定资产标准但属于设计明确列入设备清单的设备的费用,包括渡口设备,隧道照明、消防、通风的动力设备,高等级公路的收费、监控、通信、供电设备,养护用的机械、设备和工具、器具等的购置费用。

设备购置费应由设计(咨询)单位列出计划购置的清单(包括设备的规格、型号、数量),以设备原价加综合业务费和运杂费,按式(3-5)计算:

设备购置费 = 设备原价 + 运杂费(运输费 + 装卸费 + 搬运费) + 运输保险费 + 采购及保管费 (3-5)

需要安装的设备,应在第一部分建筑安装工程费的有关项目内另计设备的安装工程费。

设备与材料的划分标准见附录七。

1. 国产设备原价的构成及计算

国产设备的原价一般是指设备制造厂的交货价,即出厂价或订货合同价,内容包括按专业标准规定的在运输过程中不受损失的一般包装费,及按产品设计规定配带的工具、附件和易损件的费用,按式(3-6)计算:

设备原价 = 出厂价(或供货地点价) + 包装费 + 手续费 (3-6)

2. 进口设备原价的构成及计算

进口设备的原价是指进口设备的抵岸价,即抵达买方边境港口或边境车站,且交完关税为止形成的价格,按式(3-7)计算:

进口设备原价 = 货价 + 国际运费 + 运输保险费 + 银行财务费 + 外贸手续费 + 关税 + 增值税 + 消费税 + 商检费 + 检疫费 + 车辆购置附加税 (3-7)

(1)货价:一般指装运港船上交货价(FOB,习惯称离岸价)。设备货价分为原币货价和人民币货价,原币货价一律折算为美元表示,人民币货价按原币货价乘以外汇市场美元兑换人民币的中间价确定。进口设备货价按有关生产厂商询价、报价、订货合同价计算。

(2)国际运费:即从装运港(站)到达我国抵达港(站)的运费。按式(3-8)计算:

国际运费 = 原币货价(FOB 价) × 运费费率 (3-8)

我国进口设备大多采用海洋运输,小部分采用铁路运输,个别采用航空运输。运费费率参照有关部门的规定执行,海运费费率一般为6%。

(3)运输保险费:对外贸易货物运输保险是由保险人(保险公司)与被保险人(出口人或进口人)订立保险契约,在被保险人交付议定的保险费后,保险人根据保险契约的规定对货物在运输过程中发生的承保责任范围内的损失给予经济上的补偿。这是一种财产保险,按式(3-9)计算:

运输保险费 = [原币货价(FOB 价) + 国际运费] ÷ (1 - 保险费费率) × 保险费费率 (3-9)

保险费费率按保险公司规定的进口货物保险费费率计算,一般为0.35%。

(4)银行财务费:一般指中国银行手续费。按式(3-10)计算:

银行财务费 = 人民币货价(FOB 价) × 银行财务费费率 (3-10)

银行财务费费率一般为0.4% ~0.5%。

(5)外贸手续费:指按规定计取的外贸手续费。按式(3-11)计算:

外贸手续费 = [人民币货价(FOB 价) + 国际运费 + 运输保险费] × 外贸手续费费率 (3-11)

外贸手续费费率一般为1% ~1.5%。

(6)关税:指海关对进出国境或关境的货物和物品征收的一种税。按式(3-12)计算:

关税 =[人民币货价(FOB 价)+国际运费+运输保险费]×进口关税税率 (3-12)

进口关税税率按我国海关总署发布的进口关税税率计算。

(7)增值税:是对从事进口贸易的单位和个人,在进口商品报关进口后征收的税种。按《中华人民共和国增值税条例》的规定,进口应税产品均按组成计税价格和增值税税率直接计算应纳税额,按式(3-13)计算:

增值税 =[人民币货价(FOB 价)+国际运费+运输保险费+关税+消费税]×增值税税率 (3-13)

增值税税率根据规定的税率计算,目前进口设备适用的税率为17%。

(8)消费税:对部分进口设备(如轿车、摩托车等)征收的一种税。按式(3-14)计算:

消费税 =[人民币货价(FOB 价)+国际运费+运输保险费+关税]÷(1-消费税税率)×消费税税率 (3-14)

消费税税率根据规定的税率计算。

(9)商检费:指进口设备按规定付给商品检查部门的进口设备检验鉴定费。按式(3-15)计算:

商检费 =[人民币货价(FOB 价)+国际运费+运输保险费]×商检费费率 (3-15)

商检费费率一般为0.8%。

(10)检疫费:指进口设备按规定付给商品检疫部门的进口设备检验鉴定费。按式(3-16)计算:

检疫费 =[人民币货价(FOB 价)+国际运费+运输保险费]×检疫费费率 (3-16)

检疫费费率一般为0.17%。

(11)车辆购置附加税:指进口车辆需缴纳的进口车辆购置附加税。按式(3-17)计算:

车辆购置附加税 =[人民币货价(FOB 价)+国际运费+运输保险费+关税+消费税+增值税]×车辆购置附加税税率 (3-17)

在计算进口设备原价时,应注意工程项目的性质,有无按国家有关规定减免进口环节税的可能。

3. 设备运杂费的构成及计算

国产设备运杂费指由设备制造厂交货地点起至工地仓库(或施工组织设计指定的需要安装设备的堆放地点)止所发生的运费和装卸费;进口设备运杂费指由我国到岸港口或边境车站起至工地仓库(或施工组织设计指定的需要安装设备的堆放地点)止所发生的运费和装卸费。设备运杂费费率见表3-19,按式(3-18)计算:

运杂费 = 设备原价 × 运杂费费率 (3-18)

表3-19 设备运杂费费率表(%)

运输里程(km)	100以内	100~200	200~300	300~400	400~500	500~750	750~1000	1000~1250	1250~1500	1500~1750	1750~2000	2000以上每增250
费率(%)	0.8	0.9	1.0	1.1	1.2	1.5	1.7	2.0	2.2	2.4	2.6	0.2

4. 设备运输保险费的构成及计算

设备运输保险费指国内运输保险费，设备运输保险费费率一般为1%，按式(3-19)计算：

$$运输保险费 = 设备原价 \times 保险费费率 \tag{3-19}$$

5. 设备采购及保管费的构成及计算

设备采购及保管费指采购、验收、保管和收发设备所发生的各种费用，包括设备采购人员、保管人员和管理人员的工资、工资附加费、办公费、差旅交通费，设备供应部门办公和仓库所占固定资产使用费、工具用具使用费、劳动保护费、检验试验费等，按式(3-20)计算：

$$采购及保管费 = 设备原价 \times 采购及保管费费率 \tag{3-20}$$

需要安装的设备的采购及保管费费率为2.4%，不需要安装的设备的采购及保管费费率为1.2%。

二、工器具及生产家具(简称工器具)购置费

工器具购置费系指建设项目交付使用后为满足初期正常运营必须购置的第一套不构成固定资产的设备、仪器、仪表、工卡模具、器具、工作台(框、架、柜)等的费用。不包括：构成固定资产的设备、工器具和备品、备件；已列入设备购置费中的专用工具和备品、备件。工器具购置应由设计(咨询)单位列出计划购置的清单(包括规格、型号、数量)，购置费的计算方法同设备购置费。计算方法如下：

(1)项目建议书投资估算设备、工具、器具购置费可按附录八规定的费率，以第一部分建筑安装工程费总额为基数计算。

(2)工程可行性研究报告投资估算的设备及工具、器具购置费按现行《公路工程估算指标》(JTG/T M21)附录一计算。

三、办公和生活用家具购置费

办公和生活用家具购置费系指为保证建设项目初期正常生产、使用和管理所必须购置的办公和生活用家具、用具的费用。范围包括：办公室、会议室、资料档案室、阅览室、宿舍及生活福利设施等的家具、用具。新建工程的办公和生活用家具购置费按表3-20的规定计算，改建工程按3-20所列标准的80%计列。

表3-20　办公和生活用家具购置费标准表

工程所在地	路线(元/公路公里)				有看桥房的独立大桥(元/座)	
	高速公路	一级公路	二级公路	三、四级公路	一般大桥	技术复杂大桥
内蒙古、黑龙江、青海、新疆、西藏	21500	15600	7800	4000	24000	60000
其他省、自治区、直辖市	17500	14600	5800	2900	19800	49000

第三节　工程建设其他费用

一、土地征用及拆迁补偿费

土地征用及拆迁补偿费系指按照《中华人民共和国土地管理法》及《中华人民共和国土地管理法实施条例》、《中华人民共和国基本农田保护条例》等法律、法规的规定,为进行公路建设需征用土地所支付的土地征用及拆迁补偿费等费用。

1. 费用内容

(1)土地补偿费

指被征用土地地上、地下附着物及青苗补偿费,征用城市郊区的菜地等缴纳的菜地开发建设基金、租用土地费、耕地占用税、用地图编制费及勘界费、征地管理费等。

(2)征用耕地安置补助费

指征用耕地需要安置农业人口的补助费。

(3)拆迁补偿费

指被征用或占用土地上的房屋及附属构筑物、城市公用设施等拆除、迁建补偿费,拆迁管理费等。

(4)复耕费

指临时占用的耕地、鱼塘等,待工程竣工后将其恢复到原有标准所发生的费用。

(5)耕地开垦费

指公路建设项目占用耕地的,应由建设项目法人(业主)负责补充耕地所发生的费用;没有条件开垦或者开垦的耕地不符合要求的,按规定缴纳的耕地开垦费。

(6)森林植被恢复费

指公路建设项目需要占用、征用或者临时占用林地的,经县级以上林业主管部门审核同意或批准,建设项目法人(业主)单位按照有关规定向县级以上林业主管部门预缴的森林植被恢复费。

2. 计算方法

(1)项目建议书投资估算阶段

土地征用费按《公路工程项目建设用地指标》中规定的数量乘以工程所在地的征地单价进行计算。

拆迁补偿费按附录八规定的费率,以第一部分建筑安装工程费总额为基数进行计算。

(2)工程可行性研究报告投资估算阶段

土地征用及拆迁补偿费应根据工程可行性研究报告编制的建设工程用地和临时用地面积及其附着物的情况,以及实际发生的费用项目,按国家有关规定及工程所在地的省(自治区、直辖市)人民政府颁发的有关规定和标准计算。

森林植被恢复费应根据工程可行性研究报告编制的建设工程占用林地的类型及面积,按国家有关规定及工程所在地的省(自治区、直辖市)人民政府颁发的有关规定和标准计算。

当与原有的电力电信设施、水利工程、铁路及铁路设施互相干扰时，应与有关部门联系，商定合理的解决方案和补偿金额，也可由这些部门按规定编制费用以确定补偿金额。

二、建设项目管理费

建设项目管理费包括建设单位（业主）管理费、工程监理费、设计文件审查费和竣（交）工验收试验检测费。

（一）建设单位（业主）管理费

建设单位（业主）管理费系指建设单位（业主）为建设项目的立项、筹建、建设、竣（交）工验收、总结等工作所发生的费用，不包括应计入设备、材料预算价格的建设单位采购及保管设备、材料所需的费用。

费用内容包括：工作人员的工资、工资性补贴、施工现场津贴、社会保障费用（基本养老、基本医疗、失业、工伤保险）、住房公积金、职工福利费、工会经费、劳动保护费，办公费、会议费、差旅交通费、固定资产使用费（包括办公及生活房屋折旧、维修或租赁费，车辆折旧、维修、使用或租赁费，通信设备购置、使用费，测量、试验设备仪器折旧、维修或租赁费，其他设备折旧、维修或租赁费等）、零星固定资产购置费、招募生产工人费，技术图书资料费、职工教育经费、工程招标费（不含招标文件及标底或造价控制值编制费），合同契约公证费、法律顾问费、咨询费，建设单位的临时设施费、完工清理费、竣（交）工验收费（含其他行业或部门要求的竣工验收费用）、各种税费（包括房产税、车船使用税、印花税等），建设项目审计费、境内外融资费用（不含建设期贷款利息）、业务招待费、安全生产管理费和其他管理性开支。

由施工企业代建设单位（业主）办理"土地、青苗等补偿费"的工作人员所发生的费用，应在建设单位（业主）管理费项目中支付。当建设单位（业主）委托有资质的单位代理招标时，其代理费应在建设单位（业主）管理费中支出。

建设单位（业主）管理费以建筑安装工程费总额为基数，按表3-21的费率，以累进办法计算。

水深大于15m、跨度大于或等于400m的斜拉桥和跨度大于或等于800m的悬索桥等独立特大型桥梁工程的建设单位（业主）管理费按表3-21中的费率乘以1.0～1.2的系数计算；海上工程［指由于风浪影响，工程施工期（不包括封冻期）全年月平均工作日少于15天的工程］的建设单位（业主）管理费按表3-21中的费率乘以1.0～1.3的系数计算。

（二）工程监理费

工程监理费系指建设单位（业主）委托具有公路工程监理资质的单位，按施工监理规范进行全面的监督和管理所发生的费用。

费用内容包括：工作人员的基本工资、工资性津贴、社会保障费用（基本养老、基本医疗、失业、工伤保险）、住房公积金、职工福利费、工会经费、劳动保护费，办公费、会议费、差旅交通费、固定资产使用费（包括办公及生活房屋折旧、维修或租赁费，车辆折旧、维修、使用或租赁费，通信设备购置、使用费，测量、试验、检测设备仪器折旧、维修或租赁费，其他设备折旧、维修或租赁费等）、零星固定资产购置费、招募生产工人费，技术图书资料费、职工教育经费、投标费用，合同契约公证费、咨询费、业务招待费，财务费用、监理单位的临时设施费、各种税费和其他管理性开支。

表 3-21 建设单位(业主)管理费费率表

第一部分 建筑安装工程费(万元)	费率(%)	算 例 (万元)	
		建筑安装工程费	建设单位(业主)管理费
500 以下	3.48	500	500 × 3.48% = 17.40
500 ~ 1000	2.73	1000	17.4 + 500 × 2.73% = 31.05
1000 ~ 5000	2.18	5000	31.05 + 4000 × 2.18% = 118.25
5000 ~ 10000	1.84	10000	118.25 + 5000 × 1.84% = 210.25
10000 ~ 30000	1.52	30000	210.25 + 20000 × 1.52% = 514.25
30000 ~ 50000	1.27	50000	514.25 + 20000 × 1.27% = 768.25
50000 ~ 100000	0.94	100000	768.25 + 50000 × 0.94% = 1238.25
100000 ~ 150000	0.76	150000	1238.25 + 50000 × 0.76% = 1618.25
150000 ~ 200000	0.59	200000	1618.25 + 50000 × 0.59% = 1913.25
200000 ~ 300000	0.43	300000	1913.25 + 100000 × 0.43% = 2343.25
300000 以上	0.32	310000	2343.25 + 10000 × 0.32% = 2375.25

工程监理费以建筑安装工程费总额为基数,按表 3-22 的费率计算。

表 3-22 工程监理费费率表

工程类别	高速公路	一、二级公路	三、四级公路	桥梁及隧道
费率(%)	2.0	2.5	3.0	2.5

表 3-22 中的桥梁指水深大于 15m、斜拉桥和悬索桥等独立特大型桥梁工程;隧道指水下隧道工程。

建设单位(业主)管理费和工程监理费均为实施建设项目管理的费用,执行时可根据建设单位(业主)和施工监理单位所实际承担的工作内容和工作量统筹使用。

(三)设计文件审查费

设计文件审查费系指国家和省级交通主管部门在项目审批前,为保证勘察设计工作的质量,组织有关专家或委托有资质的单位,对设计单位提交的建设项目可行性研究报告和勘察设计文件以及对设计变更、调整概算进行审查所需要的相关费用。

设计文件审查费以建筑安装工程费总额为基数,按 0.1% 计算。

(四)竣(交)工验收试验检测费

竣(交)工验收试验检测费系指在公路建设项目交工验收和竣工验收前,由建设单位(业主)或工程质量监督机构委托有资质的公路工程质量检测单位按照有关规定对建设项目的工程质量进行检测,并出具检测意见所需要的相关费用。

竣(交)工验收试验检测费按表 3-23 的规定计算。

表 3-23 竣(交)工验收试验检测费标准表

项 目	路线(元/公路公里)				独立大桥(元/座)	
	高速公路	一级公路	二级公路	三、四级公路	一般大桥	技术复杂大桥
试验检测费	15000	12000	10000	5000	30000	100000

关于竣（交）工验收试验检测费，高速公路、一级公路按四车道计算，二级及以下等级公路按双车道计算，每增加一条车道，按表3-23的费用增加10%。

三、研究试验费

研究试验费系指为本建设项目提供或验证设计数据、资料进行必要的研究试验和按照设计规定在施工过程中必须进行试验、验证所需的费用，以及支付科技成果、先进技术的一次性技术转让费，不包括：

（1）应由科技三项费用（即新产品试制费、中间试验费和重要科学研究补助费）开支的项目；

（2）应由施工辅助费开支的施工企业对建筑材料、构件和建筑物进行一般鉴定、检查所发生的费用及技术革新研究试验费；

（3）应由勘察设计费或建筑安装工程费用中开支的项目。

计算方法：

（1）项目建议书投资估算的研究试验费按可附录八规定的费率，以第一部分建筑安装工程费总额为基数计算。

（2）工程可行性研究报告投资估算的研究试验费按照设计提出的研究试验内容和要求进行编制，不需要验证设计基础资料的不计本项费用。

四、建设项目前期工作费

建设项目前期工作费系指委托勘察设计、咨询单位对建设项目进行可行性研究、工程勘察设计，以及设计、监理、施工招标文件及招标标底或造价控制值文件编制时，按规定应支付的费用，包括：

（1）编制项目建议书（或预可行性研究报告）、可行性研究报告、投资估算，以及相应的勘察、设计、专题研究等所需的费用；

（2）初步设计和施工图设计的勘察费（包括测量、水文调查、地质勘探等）、设计费、概算及调整概算编制费等；

（3）设计、监理、施工招标文件及招标标底（或造价控制值或清单预算）文件编制费等。

计算方法：

（1）项目建议书投资估算前期工作费可按附录八规定的费率，以第一部分建筑安装工程费总额为基数计算。

（2）工程可行性研究报告投资估算前期工作费依据委托合同计列，或按国家颁发的收费标准和有关规定进行编制。

五、专项评价（估）费

专项评价（估）费系指依据国家法律、法规规定须进行评价（评估）、咨询，按规定应支付的费用，包括环境影响评价费、水土保持评估费、地震安全性评价费、地质灾害危险性评价费、压覆重要矿床评估费、文物勘察费、通航论证费、行洪论证（评估）费、使用林地可行性研究报告编制费、用地预审报告编制费等费用。

计算方法：

(1)项目建议书投资估算的专项评价(估)费可按附录八规定的费率,以第一部分建筑安装工程费总额为基数计算。

(2)工程可行性研究报告投资估算的专项评价(估)费按依据委托合同计列,或按国家颁发的收费标准和有关规定进行编制。

六、施工机构迁移费

施工机构迁移费系指施工机构根据建设任务的需要,经有关部门决定成建制地(指工程处等)由原驻地迁移到另一地区所发生的一次性搬迁费用,不包括:

(1)应由施工企业自行负担的,在规定距离范围内调动施工力量以及内部平衡施工力量所发生的迁移费用;

(2)由于违反基建程序,盲目调迁队伍所发生的迁移费;

(3)因中标而引起施工机构迁移所发生的迁移费。

费用内容包括:职工及随同家属的差旅费,调迁期间的工资,施工机械、设备、工具、用具和周转性材料的搬运费。

计算方法:施工机构迁移费应经建设项目的主管部门同意按实计算。但计算施工机构迁移费后,如迁移地点即新工地地点(如独立大桥),则其他工程费内的工地转移费应不再计算;如施工机构迁移地点至新工地地点尚有部分距离,则工地转移费的距离,应以施工机构新地点为计算起点。

七、供电贴费(目前停止征收)

供电贴费系指按照国家规定,建设项目应交付的供电工程贴费、施工临时用电贴费。

计算方法:按国家有关规定计列。

八、联合试运转费

联合试运转费指新建、改建工程项目,在竣工验收前按照设计规定的工程质量标准,进行动(静)载荷载试验所需的费用,或进行整套设备带负荷联合试运转期间所需的全部费用抵扣试车期间收入的差额,不包括应由设备安装工程项下开支的调试费的费用。

费用内容包括:联合试运转期间所需的材料、油燃料和动力的消耗,机械和检测设备使用费,工具用具和低值易耗品费,参加联合试运转人员工资及其他费用等。

联合试运转费以建筑安装工程费总额为基数,独立特大型桥梁按0.075%、其他工程按0.05%计算。

九、生产人员培训费

生产人员培训费指新建、改(扩)建公路工程项目,为保证生产的正常运行,在工程竣工验收交付使用前对运营部门生产人员和管理人员进行培训所必需的费用。

费用内容包括:培训人员的工资、工资性补贴、职工福利费、差旅交通费、劳动保护费、培训及教学实习费等。

生产人员培训费按设计定员和2000元/人的标准计算。

十、固定资产投资方向调节税(目前暂停征收)

固定资产投资方向调节税系指为了贯彻国家产业政策,控制投资规模,引导投资方向，调整投资结构，加强重点建设，促进国民经济持续稳定协调发展，依照《中华人民共和国固定资产投资方向调节税暂行条例》规定，公路建设项目应缴纳的固定资产投资方向调节税。

计算方法：按国家有关规定计算。

十一、建设期贷款利息

建设期贷款利息系指建设项目中分年度使用国内贷款或国外贷款部分，在建设期内应归还的贷款利息。费用内容包括各种金融机构贷款、企业集资、建设债券和外汇贷款等利息。

计算方法：根据不同的资金来源按需付息的分年度投资计算[式(3-21)]。

建设期贷款利息 = Σ(上年末付息贷款本息累计 + 本年度付息贷款额 ÷ 2) × 年利率

即：

$$S=\sum_{n=1}^{N}(F_{n-1}+b_n\div 2)\times i \tag{3-21}$$

式中：S——建设期贷款利息(元)；

N——项目建设期(年)；

n——施工年度；

F_{n-1}——建设期第$(n-1)$年末需付息贷款本息累计(元)；

b_n——建设期第 n 年度付息贷款额(元)；

i——建设期贷款年利率(%)。

第四节 预 备 费

预备费由价差预备费及基本预备费两部分组成。在公路工程建设期限内，凡需动用预备费时，属于交通运输部门投资的项目，需经建设单位提出，按建设项目隶属关系，报交通运输部或交通运输厅(局)基建主管部门核定批准。属于其他部门投资的建设项目，按其隶属关系报有关部门核定批准。

一、价差预备费

价差预备费系指项目建议书和可行性研究报告编制年至工程竣工年期间，第一部分费用的人工费、材料费、机械使用费、其他工程费、间接费等以及第二、三部分费用由于政策、价格变化可能发生上浮而预留的费用及外资贷款汇率变动部分的费用。

(1)计算方法：价差预备费以投资估算第一部分建筑安装工程费总额为基数，按项目建议书和可行性研究报告编制年始至建设项目工程竣工年的年数和年工程造价增涨率计算。

按式(3-22)计算：

$$\text{价差预备费}=P\times[(1+i)^{n-1}-1] \tag{3-22}$$

式中：P——建筑安装工程费总额(元)；

i——年工程造价增涨率(%)；

n——项目建议书和可行性研究报告编制年至建设项目开工年 + 建设项目建设期

限(年)。

(2)年工程造价增涨率按有关部门公布的工程投资价格指数计算,或由设计(咨询)单位会同建设单位根据该工程人工费、材料费、施工机械使用费、其他工程费、间接费以及第二、三部分费用可能发生的上浮等因素,以第一部分建安费为基数进行综合分析预测。

(3)项目建议书和可行性研究报告编制至工程完工在一年以内的工程,不列此项费用。

二、基本预备费

基本预备费系指在项目建议书和可行性研究报告及估算中难以预料的工程和费用,其用途如下:

(1)在进行初步设计(技术设计)、施工图设计和施工过程中,在批准的可行性研究报告和估算范围内所增加的工程费用;

(2)在设备订货时,由于规格、型号改变的价差;材料货源变更、运输距离或方式的改变以及因规格不同而代换使用等原因发生的价差;

(3)由于一般自然灾害所造成的损失和预防自然灾害所采取的措施费用;

(4)在项目主管部门组织竣(交)工验收时,验收委员会(或小组)为鉴定工程质量必须开挖和修复隐蔽工程的费用;

(5)投保的工程根据工程特点和保险合同发生的工程保险费用。

计算方法:以第一、二、三部分费用之和(扣除固定资产投资方向调节税和建设期贷款利息两项费用)为基数,项目建议书投资估算按费率11%计列,可行性研究报告投资估算按费率9%计列。

第五节 回收金额

投资估算指标所列材料一般不计回收,只对按全部材料计价的一些临时工程项目和由于工程规模或工期限制达不到规定周转次数的拱盔、支架及施工金属设备的材料计算回收金额。回收率见表3-24。

表3-24 回收率表

回收项目	使用年限或周转次数				计算基数
	一年或一次	两年或两次	三年或三次	四年或四次	
临时电力、电信线路	50%	30%	10%	—	材料原价
拱盔、支架	60%	45%	30%	15%	
施工金属设备	65%	65%	50%	30%	

注:施工金属设备指钢壳沉井、钢护筒等。

第六节 公路工程建设各项费用的计算程序及计算方式

公路工程建设各项费用的计算程序及计算方式见表3-25。

表 3-25　公路工程建设各项费用的计算程序及计算方式

代　号	项　　　目	说　明　及　计　算　式
（一）	直接工程费（即工、料、机费）	按编制年工程所在地的预算价格计算
（二）	其他工程费	（一）×其他工程费综合费率或各类工程人工费和机械费之和×其他工程费综合费率
（三）	直接费	（一）+（二）
（四）	间接费	各类工程人工费×规费综合费率+（三）×企业管理费综合费率
（五）	利润	［（三）+（四）－规费］×利润率
（六）	税金	［（三）+（四）+（五）］×综合税率
（七）	建筑安装工程费	（三）+（四）+（五）+（六）
（八）	设备、工具、器具购置费（包括备品、备件）	Σ（设备、工具、器具购置数量×单价+运杂费）×（1+采购保管费率）
	办公和生活用家具购置费	按有关规定计算
（九）	工程建设其他费用	
	土地征用及拆迁补偿费	按有关规定计算
	建设单位（业主）管理费	（七）×费率
	工程监理费	（七）×费率
	设计文件审查费	（七）×费率
	竣（交）工验收试验检测费	按有关规定计算
	研究试验费	按有关规定计算
	建设项目前期工作费	按有关规定计算
	专项评价（估）费	按有关规定计算
	施工机构迁移费	按实计算
	供电贴费（停止收取）	按有关规定计算
	联合试运转费	（七）×费率
	生产人员培训费	按有关规定计算
	固定资产投资方向调节税（暂停征收）	按有关规定计算
	建设期贷款利息	按资金筹措方案贷款数及利率计算
（十）	预备费	包括价差预备费和基本预备费两项
	价差预备费	按规定的公式计算
	基本预备费	［（七）+（八）+（九）－固定资产投资方向调节税－建设期贷款利息］×费率
（十一）	建设项目估算总费用	（七）+（八）+（九）+（十）

附录一　冬、雨季及夜间施工增工百分率、临时设施用工指标

(1)冬、雨季及夜间施工增工百分率按下表计算:

项　目	雨季施工(雨量区)		冬季施工							
			冬一区		冬二区		冬三区	冬四区	冬五区	冬六区
	Ⅰ	Ⅱ	Ⅰ	Ⅱ	Ⅰ	Ⅱ				
路线	0.30	0.45	0.70	1.00	1.40	1.80	2.40	3.00	4.50	6.75
独立大中桥	0.30	0.45	0.30	0.40	0.50	0.60	0.80	1.00	1.50	2.25

注:冬、雨季施工增加工以各类工程投资估算工数之和为依据。表中雨季施工增工百分率为每个雨季月的增加率,如雨季期(不是施工期)为两个半月时,表列数值应乘2.5,余类推。夜间施工增加工按夜间施工工程项目投资估算工数的4%计。

(2)临时设施用工指标按下表计算:

项目	路　线　(1km)					独立大中桥(100m² 桥面)
	公　路　等　级					
	高速公路	一级公路	二级公路	三级公路	四级公路	
工日	2340	1160	340	160	100	60

附录二　扉页、目录及投资估算表格样式

一、扉页的格式

××公路工程可行性研究报告(项目建议书)投资估算

(K××+×××~K××+×××)

第　　册 共　　册

编制:[签字并加盖执业(从业)资格印章]
复核:[签字并加盖执业(从业)资格印章]
(编制单位)

年　　月

二、目录及投资估算表格样式

目　　录

（甲组文件）

1. 编制说明
2. 总估算汇总表(01-1 表)
3. 总估算人工、主要材料、机械台班数量汇总表(02-1 表)
4. 总估算表(01 表)
5. 人工、主要材料、机械台班数量汇总表(02 表)
6. 建筑安装工程费计算表(03 表)
7. 其他工程费及间接费综合费率计算表(04 表)
8. 设备、工具、器具购置费计算表(05 表)
9. 工程建设其他费用计算表(06 表)
10. 人工、材料、机械台班单价汇总表(07 表)

……

总估算汇总表

建设项目名称：　　　　　　　　　　　　　　　　　第　　页 共　　页　　01-1 表

项次	工程或费用名称	单位	总数量	估算金额(元)				技术经济指标	各项费用比例(%)	备　注
							合计			

填表说明：1. 一个建设项目分若干单项工程编制投资估算时，应通过本表汇总全部建设项目投资估算金额。

2. 本表反映一个建设项目的各项费用组成，投资估算总值和技术经济指标。

3. 本表项次、工程费用名称、单位、总数量、投资估算金额应由各单项或单位工程总估算表(01 表)转来，“目”、“节”可视需要增减，“项”应保留。

4. “技术经济指标”以各项投资估算金额汇总合计除以相应总数量计算；“各项费用比例”以汇总的各项目估算金额合计除以总估算金额合计计算。

编制：　　　　　　　　　　　　　　　　　　　　　　复核：

总估算人工、主要材料、机械台班数量汇总表

建设项目名称：　　　　　　　　　　　　　　　　　第　　页 共　　页　　02-1 表

序号	规格名称	单位	总数量	编 制 范 围									

填表说明：1. 一个建设项目分若干个单项工程编制投资估算时，应通过本表汇总全部建设项目的人工、主要材料、机械台班数量。

2. 本表各栏数据均由各单项或单位工程估算中的人工、主要材料、机械台班数量汇总表(02 表)转来，编制范围指单项或单位工程。

编制：　　　　　　　　　　　　　　　　　　　　　　复核：

总估算表

建设项目名称:

编 制 范 围:　　　　　　　　　　　　　　　　第　页　　共　页　　01表

项	目	节	细目	工程或费用名称	单位	数量	估算金额（元）	技术经济指标	各项费用比例（%）	备注

填表说明:1. 本表反映一个单项或单位工程的各项费用组成、估算金额、技术经济指标等。

2. 本表“项”、“目”、“节”、“细目”、“工程或费用名称”、“单位”等应按投资估算项目表的序列及内容填写。“目”、“节”、“细目”可视需要增减,但“项”应保留。

3. “数量”、“估算金额”由建筑工程费计算表(03表),设备、工具、器具购置费计算表(05表),工程建设其他费用及回收金额计算表(06表)转来。

4. “技术经济指标”以各项目估算金额除以相应数量计算,“各项费用比例”以各项估算金额除以总估算金额计算。

编制:　　　　　　　　　　　　　　　　　　　　复核:

人工、主要材料、机械台班数量汇总表

建设项目名称:

编 制 范 围:　　　　　　　　　　　　　　　　第　页　　共　页　　02表

序号	规格名称	单位	总数量	分 项 统 计								场外运输损耗	
												%	数量

填表说明:1. 本表各栏数据由分项工程估算基础数据表(08-1表)及辅助生产工、料、机械台班单位数量表(12表)经分析计算后统计而来。

2. 发生的冬、雨季及夜间施工增工及临时设施用工,根据有关附录规定计算后列入本表有关项目内。

编制:　　　　　　　　　　　　　　　　　　　　复核:

建筑安装工程费计算表

建设项目名称：

编 制 范 围：　　　　　　　　　　　　　　　　　　第　页　　共　页　　03 表

序号	工程名称	单位	工程量	直接费（元）						间接费（元）	利润（元）费率%	税金（元）综合税率%	建筑安装工程费	
				直接工程费				其他工程费	合计				合计（元）	单价（元）
				人工费	材料费	机械使用费	合计							
1	2	3	4	5	6	7	8	9	10	11	12	13	14	15

填表说明：本表各栏数据之间关系，5～7 均由 08 表经计算转来，8 = 5 + 6 + 7，9 = 8 × 9 的费率或（5 + 7）× 9 的费率，10 = 8 + 9，11 = 5 × 规费综合费率 + 10 × 企业管理费综合费率，12 = （10 + 11 − 规费）× 12 的费率，13 = （10 + 11 + 12）× 综合税率，14 = 10 + 11 + 12 + 13，15 = 14 ÷ 4。

编制：　　　　　　　　　　　　　　　　　　　　　　复核：

其他工程费及间接费综合费率计算表

建设项目名称：

编 制 范 围：　　　　　　　　　　　　　　　　　　第　页　　共　页　　04 表

序号	工程类别	其他工程费费率（%）													间接费费率（%）											
		冬季施工增加费	雨季施工增加费	夜间施工增加费	高原地区施工增加费	风沙地区施工增加费	沿海地区施工增加费	行车干扰工程施工增加费	施工标准化与安全措施费	临时设施费	施工辅助费	工地转移费	综合费率		规费						企业管理费					
													Ⅰ	Ⅱ	养老保险费	失业保险费	医疗保险费	住房公积金	工伤保险费	综合费率	基本费用	主副食运费补贴	职工探亲路费	职工取暖补贴	财务费用	综合费率
1	2	3	4	5	6	7	8	9	10	11	12	13	14	15	16	17	18	19	20	21	22	23	24	25	26	27

填表说明：本表应根据建设工程项目具体情况，按投资估算编制办法有关规定填入数据计算。其中：14 = 3 + 4 + 5 + 8 + 10 + 11 + 12 + 13，15 = 6 + 7 + 9，21 = 16 + 17 + 18 + 19 + 20，27 = 22 + 23 + 24 + 25 + 26。

编制：　　　　　　　　　　　　　　　　　　　　　　复核：

设备、工具、器具购置费计算表

建设项目名称：

编 制 范 围：　　　　　　　　　　第　页　　共　页　　05表

序号	设备、工具、器具规格名称	单位	数量	单价(元)	金额(元)	说　明

填表说明：本表应根据具体的设备、工具、器具购置清单进行计算，包括设备规格、单位、数量、单价以及需要说明的有关问题。

编制：　　　　　　　　　　复核：

工程建设其他费用计算表

建设项目名称：

编 制 范 围：　　　　　　　　　　第　页　　共　页　　06表

序号	费用名称及回收金额项目	说明及计算式	金额(元)	备　注

填表说明：本表应按具体发生的工程建设其他费用项目填写，需要说明和具体计算的费用项目依次相应在说明及计算式栏内填写或具体计算，各项费用具体填写如下：

1. 土地征用及拆迁补偿费应填写土地补偿单价、数量和安置补助费标准、数量等，列式计算所需费用，填入金额栏。
2. 建设项目管理费包括建设单位(业主)管理费、工程监理费、设计文件审查费、竣(交)工验收试验检测费，按“建筑安装工程费×费率”或有关定额列式计算。
3. 研究试验费应根据设计需要进行研究试验的项目分别填写项目名称及金额或列式计算或进行说明。
4. 建设项目前期工作费按国家有关规定填入本表，列式计算。
5. 其余有关工程建设其他费用的填入和计算方法，根据规定依此类推。

编制：　　　　　　　　　　复核：

人工、材料、机械台班单价汇总表

建设项目名称：

编 制 范 围：　　　　　　　　　　　　　　　　　　第　页　　共　页　　07 表

序号	名称	单位	代号	预算单价（元）	备注	序号	名称	单位	代号	预算单价（元）	备注

填表说明：本表预算单价主要由材料预算单价计算表（09 表）和机械台班单价计算表（11 表）转来。

编制：　　　　　　　　　　　　　　　　　　　　　　复核：

目　　录

(乙组文件)

建筑安装工程费计算数据表

建设项目名称：　　　　编制范围：　　　　数据文件编号：　　　　公路等级：

路线或桥梁长度(km)：　　　　路基或桥梁宽度(m)：　　　　第　　页　共　　页　　08-1 表

项的代号	本项目数	目的代号	本目节数	节的代号	本节细目数	细目的代号	费率编号	定额个数	定额代号	项或目或节或细目或定额的名称	单位	数量	定额调整情况

填表说明：1. 本表应逐行从左到右横向跨栏填写。

2. “项”、“目”、“节”、“细目”、“定额”等的代号应根据实际需要按本办法附录二投资估算项目表的序列及内容填写。

3. 本表主要是为利用计算机软件编制投资估算提供基础数据，具体填表规则由软件用户手册详细制定。

编制：　　　　　　　　　　　　复核：

分项工程估算表

编制范围：

工程名称：　　　　　　　　第　　页　共　　页　　08-2 表

编号	工程项目												合计	
	工程细目													
	定额单位													
	工程数量													
	定额表号													
	工、料、机名称	单位	单价(元)	定额	数量	金额(元)	定额	数量	金额(元)	定额	数量	金额(元)	数量	金额(元)
1	人工	工日												
2	……													
	定额基价	元												
	直接工程费	元												
	其他工程费 Ⅰ	元												
	其他工程费 Ⅱ	元												
	间接费 规费	元												
	间接费 企业管理费	元												
	利润及税金	元												
	建筑安装工程费	元												

填表说明：1. 本表按具体分项工程项目数量、对应投资估算指标子目填写，单价由 07 表转来，金额 = 工、料、机各项的单价 × 定额 × 数量。

2. 其他工程费按相应项目的直接工程费或人工费与施工机械使用费之和 × 规定费率计算。

3. 规费按相应项目的人工费 × 规定费率计算。

4. 企业管理费按相应项目的直接费 × 规定费率计算。

5. 利润按相应项目的(直接费 + 间接费 − 规费) × 利润率计算。

6. 税金按相应项目的(直接费 + 间接费 + 利润) × 税率计算。

编制：　　　　　　　　　　　　复核：

材料预算单价计算表

建设项目名称:

编 制 范 围:　　　　　　　　　　　　　　　　　　第　页　共　页　09表

序号	规格名称	单位	原价(元)	运杂费					原价运费合计(元)	场外运输损耗		采购及保管费		预算单价(元)
				供应地点	运输方式、比重及运距	毛重系数或单位毛重	运杂费构成说明或计算式	单位运费(元)		费率(%)	金额(元)	费率(%)	金额(元)	

填表说明:1. 本表计算各种材料自供应地点或料场至工地的全部运杂费与材料原价及其他费用组成预算单价。

2. 运输方式按火车、汽车、船舶等及所占运输比重填写。

3. 毛重系数、场外运输损耗、采购及保管费按规定填写。

4. 根据材料供应地点、运输方式、运输单价、毛重系数等,通过运杂费构成说明或计算式,计算得出材料单位运费。

5. 材料原价与单位运费、场外运输损耗、采购及保管费组成材料预算单价。

编制:　　　　　　　　　　　　　　　　　　复核:

自采材料料场价格计算表

建设项目名称:

编 制 范 围:　　　　　　　　　　　　　　　　　　第　页　共　页　10表

序号	定额号	材料规格名称	单位	料场价格(元)	人工(工日)单价(元)		间接费(元)(占人工费 %)	(　)单价(元)		(　)单价(元)		(　)单价(元)		(　)单价(元)	
					定额	金额		定额	金额	定额	金额	定额	金额	定额	金额

填表说明:1. 本表主要用于分析计算自采材料料场价格,应将选用的定额人工、材料、机械台班数量全部列出,包括相应的工、料、机单价。

2. 材料规格用途相同而生产方式(如人工捶碎石、机械轧碎石)不同时,应分别计算单价,再以各种生产方式所占比重根据合计价格加权平均计算料场价格。

3. 定额中机械台班有调整系数时,应在本表内计算。

编制:　　　　　　　　　　　　　　　　　　复核:

机械台班单价计算表

建设项目名称：

编 制 范 围：　　　　　　　　　　　　　　第　页　　共　页　　11 表

序号	定额号	机械规格名称	台班单价（元）	不变费用(元) 调整系数：		可变费用（元） 人工：（元/工日）		汽油：（元/kg）		柴油：（元/kg）		……		合计
				定额	调整值	定额	金额	定额	金额	定额	金额	定额	金额	

填表说明：1. 本表应根据公路工程机械台班费用定额进行计算。不变费用如有调整系数应填入调整值；可变费用各栏填入定额数量。

2. 动力燃料的单价由材料预算单价计算表（09表）中转来。

编制：　　　　　　　　　　　　　　　　　复核：

辅助生产工、料、机械台班单位数量表

建设项目名称：

编 制 范 围：　　　　　　　　　　　　　　第　页　　共　页　　12 表

序号	规格名称	单位	人工（工日）						

填表说明：本表各栏数据由自采材料料场价格计算表（10表）统计而来。

编制：　　　　　　　　　　　　　　　　　复核：

附录三　投资估算项目表

项	目	节	细目	工程或费用名称	单位	备　注
				第一部分　建筑安装工程费	公路公里	建设项目路线总长度(主线长度)
一				临时工程	公路公里	
	1			临时道路	km	新建便道与利用原有道路的总长
		1		临时便道的修建与维护	km	新建便道长度
		2		原有道路的维护与恢复	km	利用原有道路长度
				……		
	2			临时便桥	m/座	指汽车便桥长度及座数
	3			临时码头	座	按不同的形式划分节或细目
	4			其他临时工程	公路公里	
二				路基工程	km	扣除桥梁、隧道和互通立交的主线长度,独立桥梁或隧道为引道或接线长度
	1			场地清理	km	
		1		挖除旧路面	m^2	按不同的路面类型划分细目
			1	挖除水泥混凝土路面	m^2	
			2	挖除沥青混凝土路面	m^2	
			3	挖除碎(砾)石路面	m^2	
				……		
		2		拆除旧建筑物、构筑物	m^3	按不同的构筑材料划分细目
			1	拆除钢筋混凝土结构	m^3	
			2	拆除混凝土结构	m^3	
			3	拆除砖石及其他砌体	m^3	
				……		
	2			挖方	m^3	
		1		路基挖方	m^3	按不同的地质划分细目
			1	挖土方	m^3	
			2	挖石方	m^3	
			3	挖非适用材料	m^3	

续上表

项	目	节	细目	工程或费用名称	单位	备　　注
				……		
	3			填方	m^3	
		1		路基填方	m^3	按不同的填筑材料划分细目
			1	填土方	m^3	
			2	填石方	m^3	
			3	借土填方	m^3	
			4	填砂路基	m^3	
			5	粉煤灰路基	m^3	
			6	利用隧道弃渣填筑	m^3	
				……		
	4			特殊路基处理	km	指需要处理的特殊路基长度
		1		软土处理	km	按不同的处治方法划分细目
				……		
		2		滑坡处理	处	按不同的处治方式划分细目
				……		
		3		岩溶洞处理	m^3	按不同的回填材料划分细目
				……		
		4		膨胀土处理	km	按不同的处理方式划分细目
				……		
		5		黄土处理	m^3	按黄土的不同特性划分细目
				……		
		6		处理盐渍土	m^2	按不同的厚度划分细目
				……		
	5			排水工程	km	指路基长度
		1		砌石圬工	m^3	
		2		混凝土圬工	m^3	
		3		其他排水工程	km	指路基长度
	6			防护与加固工程	km	指路基长度
		1		一般路基防护与加固	m^3	
			1	砌石圬工	m^3	
			2	片石混凝土圬工	m^3	
			3	混凝土圬工	m^3	
		2		其他路基防护与加固	km	指路基长度
			1	植草护坡	m^2	指植草护坡面积

续上表

项	目	节	细目	工程或费用名称	单位	备　注
			2	骨架护坡	m^2	指骨架护坡面积
			3	坡面喷浆防护	m^2	指坡面喷浆护坡面积
			4	预应力锚索防护	m	指锚索长度
			5	锚杆防护	m	指锚杆长度
			6	挡土墙	m^3/m	
			7	抗滑桩	m^3	
			8	冲刷防护	m^3	
			9	……		
		3		……		
三				路面工程	km	同路基长度
	1			路面垫层	m^2	按不同的材料划分节
		1		碎石垫层	m^2	按不同的厚度划分细目
		2		砂砾垫层	m^2	按不同的厚度划分细目
				……		
	2			路面底基层	m^2	按不同的材料划分节
		1		石灰稳定类底基层	m^2	按不同的厚度划分细目
		2		水泥稳定类底基层	m^2	按不同的厚度划分细目
		3		石灰粉煤灰稳定类底基层	m^2	按不同的厚度划分细目
		4		级配碎(砾)石底基层	m^2	按不同的厚度划分细目
				……		
	3			路面基层	m^2	按不同的材料划分节
		1		石灰稳定类基层	m^2	按不同的厚度划分细目
		2		水泥稳定类基层	m^2	按不同的厚度划分细目
		3		石灰粉煤灰稳定类基层	m^2	按不同的厚度划分细目
		4		级配碎(砾)石基层	m^2	按不同的厚度划分细目
		5		水泥混凝土基层	m^2	按不同的厚度划分细目
		6		沥青碎石混合料基层	m^2	按不同的厚度划分细目
				……		
	4			沥青混凝土面层	m^2	指上面层面积
		1		粗粒式沥青混凝土面层	m^2	按不同的厚度划分细目
		2		中粒式沥青混凝土面层	m^2	按不同的厚度划分细目
		3		细粒式沥青混凝土面层	m^2	按不同的厚度划分细目
		4		改性沥青混凝土面层	m^2	按不同的厚度划分细目
		5		沥青玛蹄脂碎石混合料面层	m^2	按不同的厚度划分细目

续上表

项	目	节	细目	工程或费用名称	单位	备　注
		6		橡胶沥青混凝土面层	m^2	按不同的厚度划分细目
				……		
	5			水泥混凝土面层	m^2	按不同的材料划分节
		1		普通水泥混凝土面层	m^2	按不同的厚度划分细目
		2		钢纤维水泥混凝土面层	m^2	按不同的厚度划分细目
				……		
	6			其他面层	m^2	按不同的类型划分节
		1		泥结碎石面层	m^2	按不同的厚度划分细目
		2		级配碎(砾)石面层	m^2	按不同的厚度划分细目
		3		天然砂砾面层	m^2	按不同的厚度划分细目
				……		
	7			沥青路面镶边及路缘石	km	同路基长度
		1		沥青路面镶边	km	
		2		路缘石	km	
四				桥梁涵洞工程	km	指扣除互通立交主线桥梁后的桥梁长度
	1			涵洞工程	m/道	指涵洞长度和道数。按不同的结构类型分节
		1		钢筋混凝土圆管涵	m/道	
		2		拱涵	m/道	按不同的涵径划分细目
			1	涵径3m以内	m/道	
			2	涵径5m以内	m/道	
		3		盖板涵	m/道	按不同的涵径划分细目
			1	涵径3m以内	m/道	
			2	涵径5m以内	m/道	
		4		箱涵	m/道	按不同的涵径划分细目
			1	涵径3m以内	m/道	
			2	涵径5m以内	m/道	
	2			小桥工程	m/座	指小桥长度和座数
	3			中桥工程	m/座	按不同的结构类型或桥名划分节
		1		预应力混凝土空心板桥	m/座	
		2		预应力混凝土T形梁	m/座	
		3		预应力混凝土小箱梁	m/座	
		4		预应力混凝土连续箱梁	m/座	

续上表

项	目	节	细目	工程或费用名称	单位	备　注
		5		钢筋混凝土斜腿刚构桥	m/座	
		6		拱桥	m/座	
			1	石拱桥	m/座	
			2	钢筋混凝土桁架拱桥	m/座	
			3	钢筋混凝土箱形拱桥	m/座	
			4	钢管拱	m/座	
		7		钢索吊桥	m/座	
	4			大桥工程	m/座	按桥名或不同的工程部位分节
		1		×××大桥	m^2/ m	按不同的工程部位划分细目
			1	基础	m^3	指基础圬工体积
			2	下部构造	m^3	指下部构造圬工体积
			3	上部构造	m^3/ m^2	指上部构造圬工体积和桥梁面积,注明上部构造跨径组成及结构形式
			4	调治构造物	m^3	
			5	……		
		2		……		
	5			×××特大桥	m^2/ m	按桥名分目,按不同的工程部位分节
		1		基础	m^3	指基础圬工体积,按不同的类型划分细目
			1	桩基础	m^3	指基础圬工体积
			2	沉井基础	m^3	指基础圬工体积
			3	钢管桩	根	指钢管桩数量
			4	承台	m^3	指圬工体积
			5	地下连续墙	m^3	指圬工体积
			6	锚碇	m^3	指锚碇体积
				……		
		2		下部构造	m^3	按不同的形式划分细目
			1	桥台	m^3	
			2	桥墩	m^3	
			3	……		
		3		上部构造	m^2	按不同的形式划分细目,并注明其跨径组成
			1	预应力混凝土梁	m^2	
			2	斜拉索	t	

续上表

项	目	节	细目	工程或费用名称	单位	备 注
			3	主缆	t	
			4	钢箱梁	t	
				……		
		4		调治构造物	m^3	
		5		……		
	6			……		
五				交叉工程	处	按不同交叉形式划分目
	1			平面交叉	处	
	2			通道	m/处	按结构类型划分节
		1		涵式通道	m/处	
		2		桥式通道	m/处	
	3			人行天桥	m/处	按结构类型划分节
		1		预应力混凝土人行天桥	m/处	
		2		钢结构人行天桥	m/处	
	4			渡槽	m/处	
	5			分离式立体交叉	处	
		1		跨线桥	m/座	按不同结构类型划分细目
		2		箱涵	m/道	
		3		被交道	km	指被交道长度之和
		4		……		
	6			×××互通式立体交叉	处	按互通名称分目(注明其类型),按不同的分部工程分节
		1		主线长度	km	指互通内主线长度
		2		主线桥	km	指互通内主线桥梁长度
		3		匝道	km	指匝道路基长度之和
		4		匝道桥	m/座	按不同结构类型划分细目
		5		被交道	km	指被交道长度之和
		6		……		
	7			……		
六				隧道工程	km/座	按隧道名称分节,并注明其形式
	1			×××隧道(××式)	m	指隧道长度
		1		洞身、洞门、洞口等工程		按不同工程部位划分细目
			1	明洞	m	
			2	洞门	座	

续上表

项	目	节	细目	工程或费用名称	单位	备　注
			3	管棚	m	
			4	洞身	m	
			5	斜井	m/个	指斜井长度和个数
			6	竖井	m 个	指竖井长度和个数
			7	……		
		2		隧道机电设施	m	指隧道长度
			1	监控系统设施	m	
			2	通风系统设施	m	
			3	消防系统设施	m	
			4	供配电及照明系统设施	m	
			5	预留预埋件	m	
			6	……		
	2			×××隧道(××式)	m	指隧道长度
				……		
七				公路设施及预埋管线工程	公路公里	
	1			安全设施	公路公里	
	2			管理、养护设施	公路公里	
		1		监控系统设施	km	指扣除隧道后的路线长度
		2		通信系统设施	公路公里	
		3		收费系统设施	公路公里	
		4		供电、照明系统设施	km	指扣除隧道后的路线长度
		5		养护工区设施	处	
		6		……		
	3			其他工程	公路公里	
		1		改河、改渠、改路	m/处	
		2		辅道工程	km	
		3		支线工程	km	
		4		……		
八				绿化及环境保护工程	公路公里	
				……		
九				管理、养护及服务房屋	m^2	指房屋建筑面积
	1			管理房屋	m^2	
		1		收费站	m^2	
		2		管理站	m^2	

续上表

项	目	节	细目	工程或费用名称	单位	备　注
		3		……		
	2			养护房屋	m^2	按房屋名称分节
				……		
	3			服务房屋	m^2	按房屋名称分节
				……		
				第二部分　设备及工具、器具购置费	公路公里	
一				设备购置费	公路公里	
	1			路线机电设备	km	扣除隧道后的路线长度
		1		需安装的设备	km	
			1	监控系统设备	km	
			2	通信系统设备	km	
			3	收费系统设备	km	
			4	供电照明系统设备	km	
		2		不需安装的设备	km	
			1	监控系统设备	km	
			2	通信系统设备	km	
			3	收费系统设备	km	
			4	供电照明系统设备	km	
	2			隧道机电设备	km	指隧道的长度
		1		需安装的设备	km	
			1	监控系统设备	km	
			2	通信系统设备	km	
			3	收费系统设备	km	
			4	供电照明系统设备	km	
		2		不需安装的设备	km	
			1	监控系统设备	km	
			2	通信系统设备	km	
			3	收费系统设备	km	
			4	供电照明系统设备	km	
	3			养护设备	公路公里	
二				工具、器具购置费	公路公里	
三				办公及生活用家具购置费	公路公里	
				第三部分　工程建设其他费用	公路公里	
一				土地征用及拆迁补偿费	公路公里	

续上表

项	目	节	细目	工程或费用名称	单位	备　注
	1			土地征用费	公路公里	
	2			青苗等补偿和安置补助费	公路公里	
	3			……		
二				建设项目管理费	公路公里	
	1			建设单位(业主)管理费	公路公里	
	2			工程监理费	公路公里	
	3			设计文件审查费	公路公里	
	4			竣(交)工验收试验检测费	公路公里	
三				研究试验费	公路公里	
四				建设项目前期工作费	公路公里	
五				专项评价(估)费	公路公里	
六				施工机构迁移费	公路公里	
七				供电贴费	公路公里	
八				联合试运转费	公路公里	
九				生产人员培训费	公路公里	
十				固定资产投资方向调节税	公路公里	
十一				建设期贷款利息	公路公里	
				第一、二、三部分费用合计	公路公里	
				预备费	元	
				1.价差预备费	元	
				2.基本预备费	元	
				投资估算总金额	元	
				其中:回收金额	元	
				公路基本造价	公路公里	

附录四　全国冬季施工气温区划分表

省、自治区、直辖市	地区、市、自治州、盟（县）	气温区	
北京	全境	冬二	Ⅰ
天津	全境	冬二	Ⅰ
河北	石家庄、邢台、邯郸、衡水市（冀州市、枣强县、故城县）	冬一	Ⅱ
	廊坊、保定（涞源县及以北除外）、衡水（冀州市、枣强县、故城县除外）、沧州市	冬二	Ⅰ
	唐山、秦皇岛市		Ⅱ
	承德（围场县除外）、张家口（沽源县、张北县、尚义县、康保县除外）、保定市（涞源县及以北）	冬三	
	承德（围场县）、张家口市（沽源县、张北县、尚义县、康保县）	冬四	
山西	运城市（万荣县、夏县、绛县、新绛县、稷山县、闻喜县除外）	冬一	Ⅱ
	运城（万荣县、夏县、绛县、新绛县、稷山县、闻喜县）、临汾（尧都区、侯马市、曲沃县、翼城县、襄汾县、洪洞县）、阳泉（孟县除外）、长治（黎城县）、晋城市（城区、泽州县、沁水县、阳城县）	冬二	Ⅰ
	太原（娄烦县除外）、阳泉（孟县）、长治（黎城县除外）、晋城（城区、泽州县、沁水县、阳城县除外）、晋中（寿阳县、和顺县、左权县除外）、临汾（尧都区、侯马市、曲沃县、翼城县、襄汾县、洪洞县除外）、吕梁市（孝义市、汾阳市、文水县、交城县、柳林县、石楼县、交口县、中阳县）		Ⅱ
	太原（娄烦县）、大同（左云县除外）、朔州（右玉县除外）、晋中（寿阳县、和顺县、左权县）、忻州、吕梁市（离石区、临县、岚县、方山县、兴县）	冬三	
	大同（左云县）、朔州市（右玉县）	冬四	
内蒙古	乌海市，阿拉善盟（阿拉善左旗、阿拉善右旗）	冬二	Ⅰ
	呼和浩特（武川县除外）、包头（固阳县除外）、赤峰、鄂尔多斯、巴彦淖尔、乌兰察布市（察哈尔右翼中旗除外），阿拉善盟（额济纳旗）	冬三	
	呼和浩特（武川县）、包头（固阳县）、通辽、乌兰察布市（察哈尔右翼中旗），锡林郭勒（苏尼特右旗、多伦县）、兴安盟（阿尔山市除外）	冬四	
	呼伦贝尔市（海拉尔区、新巴尔虎右旗、阿荣旗），兴安（阿尔山市）、锡林郭勒盟（冬四区以外各地）	冬五	
	呼伦贝尔市（冬五区以外各地）	冬六	
辽宁	大连（瓦房店市、普兰店市、庄河市除外）、葫芦岛市（绥中县）	冬二	Ⅰ
	沈阳（康平县、法库县除外）、大连（瓦房店市、普兰店市、庄河市）、鞍山、本溪（桓仁县除外）、丹东、锦州、阜新、营口、辽阳、朝阳（建平县除外）、葫芦岛（绥中县除外）、盘锦市	冬三	
	沈阳（康平县、法库县）、抚顺、本溪（桓仁县）、朝阳（建平县）、铁岭市	冬四	

续上表

省、自治区、直辖市	地区、市、自治州、盟(县)	气温区	
吉林	长春(榆树市除外)、四平、通化(辉南县除外)、辽源、白山(靖宇县、抚松县、长白县除外)、松原(长岭县)、白城市(通榆县),延边自治州(敦化市、汪清县、安图县除外)	冬四	
	长春(榆树市)、吉林、通化(辉南县)、白山(靖宇县、抚松县、长白县)、白城(通榆县除外)、松原市(长岭县除外),延边自治州(敦化市、汪清县、安图县)	冬五	
黑龙江	牡丹江市(绥芬河市、东宁县)	冬四	
	哈尔滨(依兰县除外)、齐齐哈尔(讷河市、依安县、富裕县、克山县、克东县、拜泉县除外)、绥化(安达市、肇东市、兰西县)、牡丹江(绥芬河市、东宁县除外)、双鸭山(宝清县)、佳木斯(桦南县)、鸡西、七台河、大庆市	冬五	
	哈尔滨(依兰县)、佳木斯(桦南县除外)、双鸭山(宝清县除外)、绥化(安达市、肇东市、兰西县除外)、齐齐哈尔(讷河市、依安县、富裕县、克山县、克东县、拜泉县)、黑河、鹤岗、伊春市,大兴安岭地区	冬六	
上海	全境	准二	
江苏	徐州、连云港市	冬一	Ⅰ
	南京、无锡、常州、淮安、盐城、宿迁、扬州、泰州、南通、镇江、苏州市	准二	
浙江	杭州、嘉兴、绍兴、宁波、湖州、衢州、舟山、金华、温州、台州、丽水市	准二	
安徽	亳州市	冬一	Ⅰ
	阜阳、蚌埠、淮南、滁州、合肥、六安、马鞍山、巢湖、芜湖、铜陵、池州、宣城、黄山市	准一	
	淮北、宿州市	准二	
福建	宁德(寿宁县、周宁县、屏南县)、三明市	准一	
江西	南昌、萍乡、景德镇、九江、新余、上饶、抚州、宜春市	准一	
山东	全境	冬一	Ⅰ
河南	安阳、商丘、周口(西华县、淮阳县、鹿邑县、扶沟县、太康县)、新乡、三门峡、洛阳、郑州、开封、鹤壁、焦作、济源、濮阳、许昌市	冬一	Ⅰ
	驻马店、信阳、南阳、周口(西华县、淮阳县、鹿邑县、扶沟县、太康县除外)、平顶山、漯河市	准二	
湖北	武汉、黄石、荆州、荆门、鄂州、宜昌、咸宁、黄冈、天门、潜江、仙桃市,恩施自治州	准一	
	孝感、十堰、襄樊、随州市,神农架林区	准二	
湖南	全境	准一	
四川	阿坝(黑水县)、甘孜自治州(新龙县、道孚县、泸定县)	冬一	Ⅱ
	甘孜自治州(甘孜县、康定县、白玉县、炉霍县)	冬二	Ⅰ
	阿坝(壤塘县、红原县、松潘县)、甘孜自治州(德格县)		Ⅱ
	阿坝(阿坝县、若尔盖县、九寨沟县)、甘孜自治州(石渠县、色达县)	冬三	
	广元市(青川县),阿坝(汶川县、小金县、茂县、理县)、甘孜(巴塘县、雅江县、得荣县、九龙县、理塘县、乡城县、稻城县)、凉山自治州(盐源县、木里县)	准一	
	阿坝(马尔康县、金川县)、甘孜白治州(丹巴县)	准二	

续上表

省、自治区、直辖市	地区、市、自治州、盟(县)	气温区	
重庆市	城口县	准一	
贵州	贵阳、遵义(赤水市除外)、安顺市，黔东南、黔南、黔西南自治州	准一	
	六盘水市，毕节地区	准二	
云南	迪庆自治州(德钦县、香格里拉县)	冬一	Ⅱ
	曲靖(宣威市、会泽县)、丽江(玉龙县、宁蒗县)、昭通市(昭阳区、大关县、威信县、彝良县、镇雄县、鲁甸县)，迪庆(维西县)、怒江(兰坪县)、大理自治州(剑川县)	准一	
西藏	拉萨市(当雄县除外)，日喀则(拉孜县)、山南(浪卡子县、错那县、隆子县除外)、昌都(芒康县、左贡县、类乌齐县、丁青县、洛隆县除外)、林芝地区	冬一	Ⅰ
	山南(隆子县)、日喀则地区(定日县、聂拉木县、亚东县、拉孜县除外)		Ⅱ
	昌都地区(洛隆县)	冬二	Ⅰ
	昌都(芒康县、左贡县、类乌齐县、丁青县)、山南(浪卡子县)、日喀则(定日县、聂拉木县)、阿里地区(普兰县)		Ⅱ
	拉萨市(当雄县)，那曲(安多县除外)、山南(错那县)、日喀则(亚东县)、阿里地区(普兰县除外)	冬三	
	那曲地区(安多县)	冬四	
陕西	西安、宝鸡、渭南、咸阳(彬县、旬邑县、长武县除外)、汉中(留坝县、佛坪县)、铜川市(耀州区)	冬一	Ⅰ
	铜川(印台区、王益区)、咸阳市(彬县、旬邑县、长武县)		Ⅱ
	延安(吴起县除外)、榆林(清涧县)、铜川市(宜君县)	冬二	Ⅱ
	延安(吴起县)、榆林市(清涧县除外)	冬三	
	商洛、安康、汉中市(留坝县、佛坪县除外)	准二	
甘肃	陇南市(两当县、徽县)	冬一	Ⅱ
	兰州、天水、白银(会宁县、靖远县)、定西、平凉、庆阳、陇南市(西和县、礼县、宕昌县)，临夏、甘南自治州(舟曲县)	冬二	Ⅱ
	嘉峪关、金昌、白银(白银区、平川区、景泰县)、酒泉、张掖、武威市，甘南自治州(舟曲县除外)	冬三	
	陇南市(武都区、文县)	准一	
	陇南市(成县、康县)	准二	
青海	海东地区(民和县)	冬二	Ⅱ
	西宁市，海东地区(民和县除外)，黄南(泽库县除外)、海南、果洛(班玛县、达日县、久治县)、玉树(囊谦县、杂多县、称多县、玉树县)、海西自治州(德令哈市、格尔木市、都兰县、乌兰县)	冬三	
	海北(野牛沟、托勒除外)、黄南(泽库县)、果洛(玛沁县、甘德县、玛多县)、玉树(曲麻莱县、治多县)、海西自治州(冷湖、茫崖、大柴旦、天峻县)	冬四	
	海北(野牛沟、托勒)、玉树(清水河)、海西自治州(唐古拉山区)	冬五	
宁夏	全境	冬二	Ⅱ

续上表

省、自治区、直辖市	地区、市、自治州、盟(县)	气温区	
新疆	阿拉尔市,喀什(喀什市、伽师县、巴楚县、英吉沙县、麦盖提县、莎车县、叶城县、泽普县)、哈密(哈密市泌城镇)、阿克苏(沙雅县、阿瓦提县)、和田地区,伊犁(伊宁市、新源县、霍城县霍尔果斯镇)、巴音郭楞(库尔勒市、若羌县、且末县、尉犁县铁干里可)、克孜勒苏自治州(阿图什市、阿克陶县)	冬二	Ⅰ
	喀什地区(岳普湖县)		Ⅱ
	乌鲁木齐市(牧业气象试验站、达坂城区、乌鲁木齐县小渠子乡),塔城(乌苏市、沙湾县、额敏县除外)、阿克苏(沙雅县、阿瓦提县除外)、哈密(哈密市十三间房、哈密市红柳河、伊吾县淖毛湖)、喀什(塔什库尔干县)、吐鲁番地区,克孜勒苏(乌恰县、阿合奇县)、巴音郭楞(和静县、焉耆县、和硕县、轮台县、尉犁县、且末县塔中)、伊犁自治州(伊宁市、霍城县、察布查尔县、尼勒克县、巩留县、昭苏县、特克斯县)	冬三	
	乌鲁木齐市(冬三区以外各地),塔城(额敏县、乌苏县)、阿勒泰(阿勒泰市、哈巴河县、吉木乃县)、哈密地区(巴里坤县),昌吉(昌吉市、米泉市、木垒县、奇台县北塔山镇、阜康市天池)、博尔塔拉(温泉县、精河县、阿拉山口口岸)、克孜勒苏自治州(乌恰县吐尔尕特口岸)	冬四	
	克拉玛依、石河子市,塔城(沙湾县)、阿勒泰地区(布尔津县、福海县、富蕴县、青河县),博尔塔拉(博乐市)、昌吉(阜康市、玛纳斯县、呼图壁县、吉木萨尔县、奇台县、米泉市蔡家湖)、巴音郭楞自治州(和静县巴音布鲁克乡)	冬五	

注:表中行政区划以2006年地图出版社出版的《中华人民共和国行政区划简册》为准。为避免繁冗,各民族自治州名称予以简化,如青海省的“海西蒙古族藏族自治州”简化为“海西自治州”。

附录五　全国雨季施工雨量区及雨季期划分表

省、自治区、直辖市	地区、市、自治州、盟（县）	雨量区	雨季期（月数）
北京	全境	Ⅱ	2
天津	全境	Ⅰ	2
河北	张家口、承德市（围场县）	Ⅰ	1.5
	承德（围场县除外）、保定、沧州、石家庄、廊坊、邢台、衡水、邯郸、唐山、秦皇岛市	Ⅱ	2
山西	全境	Ⅰ	1.5
内蒙古	呼和浩特、通辽、呼伦贝尔（海拉尔区、满洲里市、陈巴尔虎旗、鄂温克旗）、鄂尔多斯（东胜区、准格尔旗、伊金霍洛旗、达拉特旗、乌审旗）、赤峰、包头、乌兰察布市（集宁区、化德县、商都县、兴和县、四子王旗、察哈尔右翼中旗、察哈尔右翼后旗、卓资县及以南），锡林郭勒盟（锡林浩特市、多伦县、太仆寺旗、西乌珠穆沁旗、正蓝旗、正镶白旗）	Ⅰ	1
	呼伦贝尔市（牙克石市、额尔古纳市、鄂伦春旗、扎兰屯市及以东），兴安盟		2
辽宁	大连（长海县、瓦房店市、普兰店市、庄河市除外）、朝阳市（建平县）	Ⅰ	2
	沈阳（康平县）、大连（长海县）、锦州（北宁市除外）、营口（盖州市）、朝阳市（凌原市、建平县除外）		2.5
	沈阳（康平县、辽中县除外）、大连（瓦房店市）、鞍山（海城市、台安县、岫岩县除外）、锦州（北宁市）、阜新、朝阳（凌原市）、盘锦、葫芦岛（建昌县）、铁岭市		3
	抚顺（新宾县）、辽阳市		3.5
	沈阳（辽中县）、鞍山（海城市、台安县）、营口（盖州市除外）、葫芦岛市（兴城市）	Ⅱ	2.5
	大连（普兰店市）、葫芦岛市（兴城市、建昌县除外）		3
	大连（庄河市）、鞍山（岫岩县）、抚顺（新宾县除外）、丹东（凤城市、宽甸县除外）、本溪市		3.5
	丹东市（凤城市、宽甸县）		4
吉林	辽源、四平（双辽市）、白城、松原市	Ⅰ	2
	吉林、长春、四平（双辽市除外）、白山市，延边自治州	Ⅱ	2
	通化市		3
黑龙江	哈尔滨（市区、呼兰区、五常市、阿城市、双城市）、佳木斯（抚远县）、双鸭山（市区、集贤县除外）、齐齐哈尔（拜泉县、克东县除外）、黑河（五大连池市、嫩江县）、绥化（北林区、海伦市、望奎县、绥棱县、庆安县除外）、牡丹江、大庆、鸡西、七台河市，大兴安岭地区（呼玛县除外）	Ⅰ	2
	哈尔滨（市区、呼兰区、五常市、阿城市、双城市除外）、佳木斯（抚远县除外）、双鸭山（市区、集贤县）、齐齐哈尔（拜泉县、克东县）、黑河（五大连池市、嫩江县除外）、绥化（北林区、海伦市、望奎县、绥棱县、庆安县）、鹤岗、伊春市，大兴安岭地区（呼玛县）	Ⅱ	2

续上表

省、自治区、直辖市	地区、市、自治州、盟(县)	雨量区	雨季期(月数)
上海	全境	Ⅱ	4
江苏	徐州、连云港市	Ⅱ	2
	盐城市		3
	南京、镇江、淮安、南通、宿迁、扬州、常州、泰州市		4
	无锡、苏州市		4.5
浙江	舟山市	Ⅱ	4
	嘉兴、湖州市		4.5
	宁波、绍兴市		6
	杭州、金华、温州、衢州、台州、丽水市		7
安徽	亳州、淮北、宿州、蚌埠、淮南、六安、合肥市	Ⅱ	1
	阜阳市		2
	滁州、巢湖、马鞍山、芜湖、铜陵、宣城市		3
	池州市		4
	安庆、黄山市		5
福建	泉州市(惠安县崇武)	Ⅰ	4
	福州(平潭县)、泉州(晋江市)、厦门(同安区除外)、漳州市(东山县)	Ⅱ	5
	三明(永安市)、福州(市区、长乐市)、莆田市(仙游县除外)		6
	南平(顺昌县除外)、宁德(福鼎市、霞浦县)、三明(永安市、尤溪县、大田县除外)、福州(市区、长乐市、平潭县除外)、龙岩(长汀县、连城县)、泉州(晋江市、惠安县崇武、德化县除外)、莆田(仙游县)、厦门(同安区)、漳州市(东山县除外)		7
	南平(顺昌县)、宁德(福鼎市、霞浦县除外)、三明(尤溪县、大田县)、龙岩(长汀县、连城县除外)、泉州市(德化县)		8
江西	南昌、九江、吉安市	Ⅱ	6
	萍乡、景德镇、新余、鹰潭、上饶、抚州、宜春、赣州市		7
山东	济南、潍坊、聊城市	Ⅰ	3
	淄博、东营、烟台、济宁、威海、德州、滨州市		4
	枣庄、泰安、莱芜、临沂、菏泽市		5
	青岛市	Ⅱ	3
	日照市		4
河南	郑州、许昌、洛阳、济源、新乡、焦作、三门峡、开封、濮阳、鹤壁市	Ⅰ	2
	周口、驻马店、漯河、平顶山、安阳、商丘市		3
	南阳市		4
	信阳市	Ⅱ	2

续上表

省、自治区、直辖市	地区、市、自治州、盟（县）	雨量区	雨季期（月数）
湖北	十堰、襄樊、随州市，神农架林区	Ⅰ	3
	宜昌（秭归县、远安县、兴山县）、荆门市（钟祥市、京山县）	Ⅱ	2
	武汉、黄石、荆州、孝感、黄冈、咸宁、荆门（钟祥市、京山县除外）、天门、潜江、仙桃、鄂州、宜昌市（秭归县、远安县、兴山县除外），恩施自治州		6
湖南	全境	Ⅱ	6
广东	茂名、中山、汕头、潮州市	Ⅰ	5
	广州、江门、肇庆、顺德、湛江、东莞市		6
	珠海市	Ⅱ	5
	深圳、阳江、汕尾、佛山、河源、梅州、揭阳、惠州、云浮、韶关市		6
	清远市		7
广西	百色、河池、南宁、崇左市	Ⅱ	5
	桂林、玉林、梧州、北海、贵港、钦州、防城港、贺州、柳州、来宾市		6
海南	全境	Ⅱ	6
重庆	全境	Ⅱ	4
四川	甘孜自治州（巴塘县）	Ⅰ	1
	阿坝（若尔盖县）、甘孜自治州（石渠县）		2
	乐山（峨边县）、雅安市（汉源县），甘孜自治州（甘孜县、色达县）		3
	雅安（石棉县）、绵阳（平武县）、泸州（古蔺县）、遂宁市，阿坝（若尔盖县、汶川县除外）、甘孜自治州（巴塘县、石渠县、甘孜县、色达县、九龙县、得荣县除外）		4
	南充（高坪区）、资阳市（安岳县）		5
	宜宾市（高县），凉山自治州（雷波县）	Ⅱ	3
	成都、乐山（峨边县、马边县除外）、德阳、南充（南部县）、绵阳（平武县除外）、资阳（安岳县除外）、广元、自贡、攀枝花、眉山市，凉山（雷波县除外）、甘孜自治州（九龙县）		4
	乐山（马边县）、南充（高坪区、南部县除外）、雅安（汉源县、石棉县除外）、广安（邻水县除外）、巴中、宜宾（高县除外）、泸州（古蔺县除外）、内江市		5
	广安（邻水县）、达州市		6
贵州	贵阳、遵义市，毕节地区	Ⅱ	4
	安顺市，铜仁地区，黔东南自治州		5
	黔西南自治州		6
	黔南自治州		7

续上表

省、自治区、直辖市	地区、市、自治州、盟(县)	雨量区	雨季期(月数)
云南	昆明(市区、嵩明县除外)、玉溪、曲靖(富源县、师宗县、罗平县除外)、丽江(宁蒗县、永胜县)、思茅(墨江县)、昭通市,怒江(兰坪县、泸水县六库镇)、大理(大理市、漾濞县除外)、红河(个旧市、开远市、蒙自县、红河县、石屏县、建水县、弥勒县、泸西县)、迪庆、楚雄自治州	Ⅰ	5
	保山(腾冲县、龙陵县除外)、临沧市(凤庆县、云县、永德县、镇康县),怒江(福贡县、泸水县)、红河自治州(元阳县)		6
	昆明(市区、嵩明县)、曲靖(富源县、师宗县、罗平县)、丽江(古城区、华坪县)、思茅市(翠云区、景东县、镇沅县、普洱县、景谷县),大理(大理市、漾濞县)、文山自治州	Ⅱ	5
	保山(腾冲县、龙陵县)、临沧(临翔区、双江县、耿马县、沧源县)、思茅市(西盟县、澜沧县、孟连县、江城县),怒江(贡山县)、德宏、红河(绿春县、金平县、屏边县、河口县)、西双版纳自治州		6
西藏	那曲(索县除外)、山南(加查县除外)、日喀则(定日县)、阿里地区	Ⅰ	1
	拉萨市,那曲(索县)、昌都(类乌齐县、丁青县、芒康县除外)、日喀则(拉孜县)、林芝地区(察隅县)		2
	昌都(类乌齐县)、林芝地区(米林县)		3
	昌都(丁青县)、林芝地区(米林县、波密县、察隅县除外)		4
	林芝地区(波密县)		5
	山南(加查县)、日喀则地区(定日县、拉孜县除外)	Ⅱ	1
	昌都地区(芒康县)		2
陕西	榆林、延安市	Ⅰ	1.5
	铜川、西安、宝鸡、咸阳、渭南市,杨凌区		2
	商洛、安康、汉中市		3
甘肃	天水(甘谷县、武山县)、陇南市(武都区、文县、礼县),临夏(康乐县、广河县、永靖县)、甘南自治州(夏河县)	Ⅰ	1
	天水(北道区、秦城区)、定西(渭源县)、庆阳(西峰区)、陇南市(西和县),临夏(临夏市)、甘南自治州(临潭县、卓尼县)		1.5
	天水(秦安县)、定西(临洮县、岷县)、平凉(崆峒区)、庆阳(华池县、宁县、环县)、陇南市(宕昌县),临夏(临夏县、东乡县、积石山县)、甘南自治州(合作市)		2
	天水(张家川县)、平凉(静宁县、庄浪县)、庆阳(镇原县)、陇南市(两当县),临夏(和政县)、甘南自治州(玛曲县)		2.5
	天水(清水县)、平凉(泾川县、灵台县、华亭县、崇信县)、庆阳(西峰区、合水县、正宁县)、陇南市(徽县、成县、康县),甘南自治州(碌曲县、迭部县)		3

续上表

省、自治区、直辖市	地区、市、自治州、盟（县）	雨量区	雨季期（月数）
青海	西宁市（湟源县），海东地区（平安县、乐都县、民和县、化隆县），海北（海晏县、祁连县、刚察县、托勒），海南（同德县、贵南县），黄南（泽库县、同仁县），海西自治州（天峻县）	Ⅰ	1
	西宁市（湟源县除外），海东地区（互助县），海北（门源县），果洛（达日县、久治县、班玛县），玉树自治州（称多县、杂多县、囊谦县、玉树县），河南自治县		1.5
宁夏	固原地区（隆德县、泾源县）	Ⅰ	2
新疆	乌鲁木齐市（小渠子乡、牧业气象试验站、大西沟乡），昌吉地区（阜康市天池），克孜勒苏（吐尔尕特、托云、巴音库鲁提），伊犁自治州（昭苏县、霍城县二台、松树头）	Ⅰ	1
台湾	（资料暂缺）		

注：1. 表中未列的地区除西藏林芝地区墨脱县因无资料未划分外，其余地区均因降雨天数或平均日降雨量未达到计算雨季施工增加费的标准，故未划分雨量区及雨季期。

2. 行政区划依据资料及自治州、市的名称列法同冬季施工气温区划分说明。

附录六　全国风沙地区公路施工区划分表

区划	沙漠(地)名称	地理位置	自然特征
风沙一区	呼伦贝尔沙地、嫩江沙地	呼伦贝尔沙地位于内蒙古呼伦贝尔平原,嫩江沙地位于东北平原西北部嫩江下游	属半干旱、半湿润严寒区,年降水量280~400mm,年蒸发量1400~1900mm,干燥度1.2~1.5
	科尔沁沙地	散布于东北平原西辽河中、下游主干及支流沿岸的冲积平原上	属半湿润温冷区,年降水量300~450mm,年蒸发量1700~2400mm,干燥度1.2~2.0
	浑善达克沙地	位于内蒙古锡林郭勒盟南部和昭乌达盟西北部	属半湿润温冷区,年降水量100~400mm,年蒸发量2200~2700mm,干燥度1.2~2.0,年平均风速3.5~5m/s,年大风日数50~80d
	毛乌素沙地	位于内蒙古鄂尔多斯中南部和陕西北部	属半干旱温热区,年降水量东部400~440mm,西部仅250~320mm,年蒸发量2100~2600mm,干燥度1.6~2.0
	库布齐沙漠	位于内蒙古鄂尔多斯北部,黄河河套平原以南	属半干旱温热区,年降水量150~400mm,年蒸发量2100~2700mm,干燥度2.0~4.0,年平均风速3~4m/s
风沙二区	乌兰布和沙漠	位于内蒙古阿拉善东北部,黄河河套平原西南部	属干旱温热区,年降水量100~145mm,年蒸发量2400~2900mm,干燥度8.0~16.0,地下水相当丰富,埋深一般为1.5~3m
	腾格里沙漠	位于内蒙古阿拉善东南部及甘肃武威部分地区	属干旱温热区,沙丘、湖盆、山地、残丘及平原交错分布,年降水量116~148mm,年蒸发量3000~3600mm,干燥度4.0~12.0
	巴丹吉林沙漠	位于内蒙古阿拉善西南边缘及甘肃酒泉部分地区	属干旱温热区,沙山高大密集,形态复杂,起伏悬殊,一般高200~300m,最高可达420m,年降水量40~80mm,年蒸发量1720~3320mm,干燥度7.0~16.0
	柴达木沙漠	位于青海柴达木盆地	属极干旱寒冷区,风蚀地、沙丘、戈壁、盐湖和盐土平原相互交错分布,盆地东部年均气温2~4℃,西部为1.5~2.5℃,年降水量东部为50~170mm,西部为10~25mm,年蒸发量2500~3000mm,干燥度16.0~32.0
	古尔班通古特沙漠	位于新疆北部准噶尔盆地	属干旱温冷区,其中固定、半固定沙丘面积占沙漠面积的97%,年降水量70~150mm,年蒸发量1700~2200mm,干燥度2.0~10.0
风沙三区	塔克拉玛干沙漠	位于新疆南部塔里木盆地	属极干旱炎热区,年降水量东部20mm左右,南部30mm左右,西部40mm左右,北部50mm以上,年蒸发量在1500~3700mm,中部达高限,干燥度>32.0
	库姆达格沙漠	位于新疆东部、甘肃西部,罗布泊低地南部和阿尔金山北部	属极干旱炎热区,全部为流动沙丘,风蚀严重,年降水量10~20mm,年蒸发量2800~3000mm,干燥度>32.0,8级以上大风天数在100d以上

附录七　设备与材料的划分标准

工程建设设备与材料的划分,直接关系到投资构成的合理划分、投资估算的编制以及施工产值的计算等方面。为合理确定工程造价,加强对建设过程投资管理,统一投资估算编制口径,现对交通工程中设备与材料的划分提出如下划分原则和规定。本规定如与国家主管部门新颁布的规定相抵触,按国家规定执行。

一、设备与材料的划分原则

(1)凡是经过加工制造,由多种材料和部件按各自用途组成生产加工、动力、传送、储存、运输、科研等功能的机器、容器和其他机械、成套装置等均为设备。

设备分为标准设备和非标准设备。

标准设备(包括通用设备和专用设备):是指按国家规定的产品标准批量生产的、已进入设备系列的设备。

非标准设备:是指国家未定型、非批量生产的,由设计单位提供制造图纸,委托承制单位或施工企业在工厂或施工现场制作的设备。

设备一般包括以下各项:

①各种设备的本体及随设备到货的配件、备件和附属于设备本体制作成型的梯子、平台、栏杆及管道等;

②各种计量器、仪表及自动化控制装置、实验的仪器及属于设备本体部分的仪器仪表等;

③附属于设备本体的油类、化学药品等设备的组成部分;

④无论用于生产或生活或附属于建筑物的水泵、锅炉及水处理设备、电气、通风设备等。

(2)为完成建筑、安装工程所需的原料和经过工业加工在工艺生产过程中不起单元工艺生产用的设备本体以外的零配件、附件、成品、半成品等均为材料。

材料一般包括以下各项:

①设备本体以外的不属于设备配套供货,需由施工企业进行加工制作或委托加工的平台、梯子、栏杆及其他金属构件等,以及成品、半成品形式供货的管道、管件、阀门、法兰等;

②设备本体以外的各种行车轨道、滑触线、电梯的滑轨等均为材料。

二、设备与材料的划分界限

(1)设备

①通信系统:市内、长途电话交换机、程控电话交换机、微波、载波通信设备,电报和传真设备,中、短波通信设备及中短波电视天馈线装置,移动通信设备、卫星地球站设备,通信电源设备,光纤通信数字设备,有线广播设备等各种生产及配套设备和随机附件等。

②监控和收费系统:自动化控制装置、计算机及其终端、工业电视、检测控制装置、各种探测器、除尘设备、分析仪表、显示仪表、基地式仪表、单元组合仪表、变送器、传送器及调节阀、盘上安装器、压力、温度、流量、差压、物位仪表,成套供应的盘、箱、柜、屏(包括箱和已经安装就位的仪表、元件等)及随主机配套供应的仪表等。

③电气系统:各种电力变压器、互感器、调压器、感应移相器、电抗器、高压断路器、高压熔断器、稳压器、电源调整器、高压隔离开关、装置式空气开关、电力电容器、蓄电池、磁力启动器、交直流报警器、成套箱式变电站、共箱母线、封闭式母线槽,成套供应的箱、盘、柜、屏及其随设备带来的母线和支持瓷瓶等。

④通风及管道系统:空气加热器、冷却器、各种空调机、风尘管、过滤器、制冷机组、空调机组、空调器、各类风机、除尘设备、风机盘管、净化工作台、风淋室、冷却塔、公称直径300mm 以上的人工阀门和电动阀门等。

⑤房屋建筑:电梯、成套或散装到货的锅炉及其附属设备、汽轮发电机及其附属设备、电动机、污水处理装置、电子秤、地中衡、开水炉、冷藏箱,热力系统的除氧器水箱和疏水箱,工业水系统的工业水箱,油冷却系统的油箱,酸碱系统的酸碱储存槽,循环水系统的旋转滤网、启闭装置的启闭机等。

⑥消防及安全系统:隔膜式气压水罐(气压罐)、泡沫发生器、比例混合器、报警控制器、报警信号前端传输设备、无线报警发送设备、报警信号接收机、可视对讲主机、联动控制器、报警联动一体机、重复显示器、远程控制器、消防广播控制柜、广播功放、录音机、广播分配器、消防通信电话交换机、消防报警备用电源、X 射线安全检查设备、金属武器探测门、摄像设备、监视器、镜头、云台、控制台、监视器柜、支台控制器、视频切换器、全电脑视频切换设备、音频、视频、脉冲分配器、视频补偿器、视频传输设备、汉字发生设备、录像、录音设备、电源、CRT 显示终端、模拟盘等。

⑦炉窑砌筑:装置在炉窑中的成品炉管、电机、鼓风机和炉窑传动、提升装置,属于炉窑本体的金属铸体、锻件、加工件及测温装置、仪器仪表、消烟、回收、除尘装置,随炉供应已安装就位的金具、耐火衬里、炉体金属预埋件等。

⑧各种机动车辆。

⑨各种工艺设备在试车时必须填充的一次性填充材料(如各种瓷环、钢环、塑料环、钢球等),各种化学药品(如树脂、珠光砂、触煤、干燥剂、催化剂等)及变压器油等,不论是随设备带来的,还是单独订货购置的,均视为设备的组成部分。

(2)材料

①各种管道、管件、配件、公称直径300mm 以内的人工阀门、水表、防腐保温及绝缘材料、油漆、支架、消火栓、空气泡沫枪、泡沫炮、灭火器、灭火机、灭火剂、泡沫液、水泵接合器、可曲橡胶接头、消防喷头、卫生器具、钢制排水漏斗、水箱、分气缸、疏水器、减压器、压力表、温度计、调压板、散热器、供暖器具、凝结水箱、膨胀水箱、冷热水混合器、除污器、分

水缸（器）、各种风管及其附件和各种调节阀、风口、风帽、罩类、消声器及其部（构）件、散流器、保护壳、风机减震台座、减震器、凝结水收集器、单双人焊接装置、煤气灶、煤气表、烘箱灶、火管式沸水器、水型热水器、开关、引火棒、防雨帽、放散管拉紧装置等。

②各种电线、母线、绞线、电缆、电缆终端头、电缆中间头、吊车滑触线、接地母线，接地极、避雷线、避雷装置（包括各种避雷器、避雷针等）、高低压绝缘子、线夹、穿墙套管、灯具、开关、灯头盒、开关盒、接线盒、插座、闸盒保险器、电杆、横担、铁塔、各种支架、仪表插座、桥架、梯架、立柱、托臂、人孔手孔、挂墙照明配电箱、局部照明变压器、按钮、行程开关、刀闸开关、组合开关、转换开关、铁壳开关、电扇、电铃、电表、蜂鸣器、电笛、信号灯、低音扬声器、电话单机、熔断器等。

③循环水系统的钢板闸门及拦污栅、启闭构架等。

④现场制作与安装的炉管及其他所需的材料或填料、现场砌筑用的耐火、耐酸、保温、防腐、捣打料、绝热纤维、天然白泡石、玄武岩、金具、炉门及窥视孔、预埋件等。

⑤所有随管线（路）同时组合安装的一次性仪表、配件、部件及元件（包括就地安装的温度计、压力表）等。

⑥制造厂以散件或分段分片供货的塔、器、罐等，在现场拼接、组装、焊接、安装内件或改制时所消耗的物料均为材料。

⑦各种金属材料、金属制品、焊接材料、非金属材料、化工辅助材料、其他材料等。

（3）对于一些在制造厂未整体制作完成的设备，或分片压制成型，或分段散装供货的设备，需要建筑安装工人在施工现场加工、拼装、焊接的，按上述划分原则和其投资构成应属于设备购置费。为合理反映建筑安装工人付出的劳动和创造的价值，可按其在现场加工组装焊接的工作量，将其分片或组装件按其设备价值的一部分以加工费的形式计入安装工程费内。

（4）供应原材料，在施工现场制作安装或施工企业附属生产单位为本单元承包工程制作并安装的非标准设备，除配套的电机、减速机外，其加工制作消耗的工、料（包括主材）、机等均应计入安装工程费内。

（5）凡是制造厂未制造完成的设备，已分片压制成型、散装或分段供货，需要建筑安装工人在施工现场拼装、组装、焊接及安装内件的，其制作、安装所需的物料为材料，内件、塔盘为设备。

附录八　项目建议书投资估算各项费用取定表

Ⅰ.路线工程　　公路等级:高速公路　　地形:平原微丘区

工程项目		单位	北京	天津	内蒙古	山西	河北	辽宁	吉林	黑龙江
			1	2	3	4	5	6	7	8
1	设备购置费	%	1.726	1.726	1.726	1.726	1.726	1.726	1.726	1.726
2	拆迁补偿费	%	5.843	5.702	5.422	5.469	5.469	5.515	5.562	5.656
3	研究试验费	%	0.328	0.328	0.328	0.328	0.328	0.328	0.328	0.328
4	建设项目前期工作费	%	2.979	2.979	2.979	2.979	2.979	2.979	2.979	2.979
5	专项评价(估)费	%	0.197	0.197	0.197	0.197	0.197	0.197	0.197	0.197

Ⅰ.路线工程　　公路等级:高速公路　　地形:平原微丘区

工程项目		单位	上海	江苏	安徽	山东	浙江	江西	福建	湖南
			9	10	11	12	13	14	15	16
1	设备购置费	%	1.726	1.726	1.726	1.726	1.726	1.726	1.726	1.726
2	拆迁补偿费	%	6.364	6.021	5.776	5.776	6.021	5.776	5.752	5.752
3	研究试验费	%	0.328	0.328	0.328	0.328	0.328	0.328	0.328	0.328
4	建设项目前期工作费	%	2.979	2.979	2.979	2.979	2.979	2.979	2.979	2.979
5	专项评价(估)费	%	0.197	0.197	0.197	0.197	0.197	0.197	0.197	0.197

Ⅰ.路线工程　　公路等级:高速公路　　地形:平原微丘区

工程项目		单位	湖北	河南	广东	广西	海南	重庆	四川	云南
			17	18	19	20	21	22	23	24
1	设备购置费	%	1.726	1.726	1.726	1.726	1.726	1.726	1.726	1.726
2	拆迁补偿费	%	5.752	5.375	5.801	5.776	5.786	5.587	5.587	5.597
3	研究试验费	%	0.328	0.328	0.328	0.328	0.328	0.328	0.328	0.328
4	建设项目前期工作费	%	2.979	2.979	2.979	2.979	2.979	2.979	2.979	2.979
5	专项评价(估)费	%	0.197	0.197	0.197	0.197	0.197	0.197	0.197	0.197

Ⅰ.路线工程　　　　公路等级:高速公路　　　　地形:平原微丘区

工程项目		单位	贵州	西藏	陕西	甘肃	宁夏	青海	新疆
			25	26	27	28	29	30	31
1	设备购置费	%	1.726	—	1.726	1.726	1.726	1.726	1.726
2	拆迁补偿费	%	5.587	—	5.669	5.419	5.487	5.374	5.374
3	研究试验费	%	0.328	—	0.328	0.328	0.328	0.328	0.328
4	建设项目前期工作费	%	2.979	—	2.979	2.979	2.979	2.979	2.979
5	专项评价(估)费	%	0.197	—	0.197	0.197	0.197	0.197	0.197

Ⅰ.路线工程　　　　公路等级:高速公路　　　　地形:山岭重丘区

工程项目		单位	北京	天津	内蒙古	山西	河北	辽宁	吉林	黑龙江
			1	2	3	4	5	6	7	8
1	设备购置费	%	1.651	1.651	1.651	1.651	1.651	1.651	1.651	1.651
2	拆迁补偿费	%	4.557	4.448	4.229	4.265	4.265	4.302	4.338	4.411
3	研究试验费	%	0.265	0.265	0.265	0.265	0.265	0.265	0.265	0.265
4	建设项目前期工作费	%	3.128	3.128	3.128	3.128	3.128	3.128	3.128	3.128
5	专项评价(估)费	%	0.206	0.206	0.206	0.206	0.206	0.206	0.206	0.206

Ⅰ.路线工程　　　　公路等级:高速公路　　　　地形:山岭重丘区

工程项目		单位	上海	江苏	安徽	山东	浙江	江西	福建	湖南
			9	10	11	12	13	14	15	16
1	设备购置费	%	—	1.651	1.651	1.651	1.651	1.651	1.651	1.651
2	拆迁补偿费	%	—	4.658	4.429	4.467	4.467	4.505	4.544	4.620
3	研究试验费	%	—	0.265	0.265	0.265	0.265	0.265	0.265	0.265
4	建设项目前期工作费	%	—	3.128	3.128	3.128	3.128	3.128	3.128	3.128
5	专项评价(估)费	%	—	0.206	0.206	0.206	0.206	0.206	0.206	0.206

Ⅰ.路线工程　　　　公路等级:高速公路　　　　地形:山岭重丘区

工程项目		单位	湖北	河南	广东	广西	海南	重庆	四川	云南
			17	18	19	20	21	22	23	24
1	设备购置费	%	1.651	1.651	1.651	1.651	1.651	1.651	1.651	1.651
2	拆迁补偿费	%	4.773	4.448	4.429	4.467	4.467	4.358	4.395	4.469
3	研究试验费	%	0.265	0.265	0.265	0.265	0.265	0.265	0.265	0.265
4	建设项目前期工作费	%	3.128	3.128	3.128	3.128	3.128	3.128	3.128	3.128
5	专项评价(估)费	%	0.206	0.206	0.206	0.206	0.206	0.206	0.206	0.206

Ⅰ.路线工程　　公路等级:高速公路　　地形:山岭重丘区

工程项目		单位	贵州	西藏	陕西	甘肃	宁夏	青海	新疆
			25	26	27	28	29	30	31
1	设备购置费	%	1.651	—	1.651	1.651	1.651	1.651	1.651
2	拆迁补偿费	%	4.617	—	4.103	4.139	4.139	4.174	4.209
3	研究试验费	%	0.265	—	0.265	0.265	0.265	0.265	0.265
4	建设项目前期工作费	%	3.128	—	3.128	3.128	3.128	3.128	3.128
5	专项评价(估)费	%	0.206	—	0.206	0.206	0.206	0.206	0.206

Ⅰ.路线工程　　公路等级:一级公路　　地形:平原微丘区

工程项目		单位	北京	天津	内蒙古	山西	河北	辽宁	吉林	黑龙江
			1	2	3	4	5	6	7	8
1	设备购置费	%	1.675	1.675	1.675	1.675	1.675	1.675	1.675	1.675
2	拆迁补偿费	%	5.946	5.804	5.518	5.566	5.566	5.613	5.661	5.756
3	研究试验费	%	0.318	0.318	0.318	0.318	0.318	0.318	0.318	0.318
4	建设项目前期工作费	%	3.158	3.158	3.158	3.158	3.158	3.158	3.158	3.158
5	专项评价(估)费	%	0.208	0.208	0.208	0.208	0.208	0.208	0.208	0.208

Ⅰ.路线工程　　公路等级:一级公路　　地形:平原微丘区

工程项目		单位	上海	江苏	安徽	山东	浙江	江西	福建	湖南
			9	10	11	12	13	14	15	16
1	设备购置费	%	1.675	1.675	1.675	1.675	1.675	1.675	1.675	1.675
2	拆迁补偿费	%	6.464	6.116	5.867	5.867	6.116	5.867	5.842	5.842
3	研究试验费	%	0.318	0.318	0.318	0.318	0.318	0.318	0.318	0.318
4	建设项目前期工作费	%	3.158	3.158	3.158	3.158	3.158	3.158	3.158	3.158
5	专项评价(估)费	%	0.208	0.208	0.208	0.208	0.208	0.208	0.208	0.208

Ⅰ.路线工程　　公路等级:一级公路　　地形:平原微丘区

工程项目		单位	湖北	河南	广东	广西	海南	重庆	四川	云南
			17	18	19	20	21	22	23	24
1	设备购置费	%	1.675	1.675	1.675	1.675	1.675	1.675	1.675	1.675
2	拆迁补偿费	%	5.842	5.471	5.892	5.867	5.877	5.683	5.683	5.693
3	研究试验费	%	0.318	0.318	0.318	0.318	0.318	0.318	0.318	0.318
4	建设项目前期工作费	%	3.158	3.158	3.158	3.158	3.158	3.158	3.158	3.158
5	专项评价(估)费	%	0.208	0.208	0.208	0.208	0.208	0.208	0.208	0.208

Ⅰ.路线工程　　公路等级:一级公路　　地形:平原微丘区

工程项目		单位	贵州	西藏	陕西	甘肃	宁夏	青海	新疆
			25	26	27	28	29	30	31
1	设备购置费	%	1.675	—	1.675	1.675	1.675	1.675	1.675
2	拆迁补偿费	%	5.683	—	5.881	5.622	5.693	5.575	5.575
3	研究试验费	%	0.318	—	0.318	0.318	0.318	0.318	0.318
4	建设项目前期工作费	%	3.158	—	3.158	3.158	3.158	3.158	3.158
5	专项评价(估)费	%	0.208	—	0.208	0.208	0.208	0.208	0.208

Ⅰ.路线工程　　公路等级:一级公路　　地形:山岭重丘区

工程项目		单位	北京	天津	内蒙古	山西	河北	辽宁	吉林	黑龙江
			1	2	3	4	5	6	7	8
1	设备购置费	%	1.602	1.602	1.602	1.602	1.602	1.602	1.602	1.602
2	拆迁补偿费	%	4.638	4.527	4.304	4.341	4.341	4.378	4.415	4.490
3	研究试验费	%	0.257	0.257	0.257	0.257	0.257	0.257	0.257	0.257
4	建设项目前期工作费	%	3.316	3.316	3.316	3.316	3.316	3.316	3.316	3.316
5	专项评价(估)费	%	0.219	0.219	0.219	0.219	0.219	0.219	0.219	0.219

Ⅰ.路线工程　　公路等级:一级公路　　地形:山岭重丘区

工程项目		单位	上海	江苏	安徽	山东	浙江	江西	福建	湖南
			9	10	11	12	13	14	15	16
1	设备购置费	%	—	1.602	1.602	1.602	1.602	1.602	1.602	1.602
2	拆迁补偿费	%	—	4.731	4.499	4.537	4.537	4.576	4.615	4.693
3	研究试验费	%	—	0.257	0.257	0.257	0.257	0.257	0.257	0.257
4	建设项目前期工作费	%	—	3.316	3.316	3.316	3.316	3.316	3.316	3.316
5	专项评价(估)费	%	—	0.219	0.219	0.219	0.219	0.219	0.219	0.219

Ⅰ.路线工程　　公路等级:一级公路　　地形:山岭重丘区

工程项目		单位	湖北	河南	广东	广西	海南	重庆	四川	云南
			17	18	19	20	21	22	23	24
1	设备购置费	%	1.602	1.602	1.602	1.602	1.602	1.602	1.602	1.602
2	拆迁补偿费	%	4.848	4.527	4.499	4.537	4.537	4.433	4.470	4.545
3	研究试验费	%	0.257	0.257	0.257	0.257	0.257	0.257	0.257	0.257
4	建设项目前期工作费	%	3.316	3.316	3.316	3.316	3.316	3.316	3.316	3.316
5	专项评价(估)费	%	0.219	0.219	0.219	0.219	0.219	0.219	0.219	0.219

Ⅰ.路线工程　　公路等级:一级公路　　地形:山岭重丘区

工程项目		单位	贵州	西藏	陕西	甘肃	宁夏	青海	新疆
			25	26	27	28	29	30	31
1	设备购置费	%	1.602	—	1.602	1.602	1.602	1.602	1.602
2	拆迁补偿费	%	4.696	—	4.257	4.294	4.294	4.330	4.367
3	研究试验费	%	0.257	—	0.257	0.257	0.257	0.257	0.257
4	建设项目前期工作费	%	3.316	—	3.316	3.316	3.316	3.316	3.316
5	专项评价(估)费	%	0.219	—	0.219	0.219	0.219	0.219	0.219

Ⅰ.路线工程　　公路等级:二级公路　　地形:平原微丘区

工程项目		单位	北京	天津	内蒙古	山西	河北	辽宁	吉林	黑龙江
			1	2	3	4	5	6	7	8
1	设备购置费	%	1.389	1.389	1.389	1.389	1.389	1.389	1.389	1.389
2	拆迁补偿费	%	6.658	6.498	6.178	6.231	6.231	6.285	6.338	6.444
3	研究试验费	%	0.275	0.275	0.275	0.275	0.275	0.275	0.275	0.275
4	建设项目前期工作费	%	3.892	3.892	3.892	3.892	3.892	3.892	3.892	3.892
5	专项评价(估)费	%	0.234	0.234	0.234	0.234	0.234	0.234	0.234	0.234

Ⅰ.路线工程　　公路等级:二级公路　　地形:平原微丘区

工程项目		单位	上海	江苏	安徽	山东	浙江	江西	福建	湖南
			9	10	11	12	13	14	15	16
1	设备购置费	%	1.389	1.389	1.389	1.389	1.389	1.389	1.389	1.389
2	拆迁补偿费	%	6.796	6.430	6.169	6.169	6.430	6.169	6.143	6.143
3	研究试验费	%	0.275	0.275	0.275	0.275	0.275	0.275	0.275	0.275
4	建设项目前期工作费	%	3.892	3.892	3.892	3.892	3.892	3.892	3.892	3.892
5	专项评价(估)费	%	0.234	0.234	0.234	0.234	0.234	0.234	0.234	0.234

Ⅰ.路线工程　　公路等级:二级公路　　地形:平原微丘区

工程项目		单位	湖北	河南	广东	广西	海南	重庆	四川	云南
			17	18	19	20	21	22	23	24
1	设备购置费	%	1.389	1.389	1.389	1.389	1.389	1.389	1.389	1.389
2	拆迁补偿费	%	6.143	6.125	6.195	6.169	6.179	6.194	6.194	6.204
3	研究试验费	%	0.275	0.275	0.275	0.275	0.275	0.275	0.275	0.275
4	建设项目前期工作费	%	3.892	3.892	3.892	3.892	3.892	3.892	3.892	3.892
5	专项评价(估)费	%	0.234	0.234	0.234	0.234	0.234	0.234	0.234	0.234

Ⅰ.路线工程　　公路等级:二级公路　　地形:平原微丘区

工程项目		单位	贵州	西藏	陕西	甘肃	宁夏	青海	新疆
			25	26	27	28	29	30	31
1	设备购置费	%	1.389	1.389	1.389	1.389	1.389	1.389	1.389
2	拆迁补偿费	%	6.194	5.957	6.419	6.136	6.213	6.085	6.085
3	研究试验费	%	0.275	0.275	0.275	0.275	0.275	0.275	0.275
4	建设项目前期工作费	%	3.892	3.892	3.892	3.892	3.892	3.892	3.892
5	专项评价(估)费	%	0.234	0.234	0.234	0.234	0.234	0.234	0.234

Ⅰ.路线工程　　公路等级:二级公路　　地形:山岭重丘区

工程项目		单位	北京	天津	内蒙古	山西	河北	辽宁	吉林	黑龙江
			1	2	3	4	5	6	7	8
1	设备购置费	%	1.159	1.159	1.159	1.159	1.159	1.159	1.159	1.159
2	拆迁补偿费	%	4.107	4.008	3.811	3.844	3.844	3.877	3.910	3.975
3	研究试验费	%	0.191	0.191	0.191	0.191	0.191	0.191	0.191	0.191
4	建设项目前期工作费	%	4.119	4.119	4.119	4.119	4.119	4.119	4.119	4.119
5	专项评价(估)费	%	0.247	0.247	0.247	0.247	0.247	0.247	0.247	0.247

Ⅰ.路线工程　　公路等级:二级公路　　地形:山岭重丘区

工程项目		单位	上海	江苏	安徽	山东	浙江	江西	福建	湖南
			9	10	11	12	13	14	15	16
1	设备购置费	%	—	1.159	1.159	1.159	1.159	1.159	1.159	1.159
2	拆迁补偿费	%	—	4.099	3.898	3.931	3.931	3.965	3.999	4.066
3	研究试验费	%	—	0.191	0.191	0.191	0.191	0.191	0.191	0.191
4	建设项目前期工作费	%	—	4.119	4.119	4.119	4.119	4.119	4.119	4.119
5	专项评价(估)费	%	—	0.247	0.247	0.247	0.247	0.247	0.247	0.247

Ⅰ.路线工程　　公路等级:二级公路　　地形:山岭重丘区

工程项目		单位	湖北	河南	广东	广西	海南	重庆	四川	云南
			17	18	19	20	21	22	23	24
1	设备购置费	%	1.159	1.159	1.159	1.159	1.159	1.159	1.159	1.159
2	拆迁补偿费	%	4.200	4.008	3.898	3.931	3.931	4.094	4.129	4.198
3	研究试验费	%	0.191	0.191	0.191	0.191	0.191	0.191	0.191	0.191
4	建设项目前期工作费	%	4.119	4.119	4.119	4.119	4.119	4.119	4.119	4.119
5	专项评价(估)费	%	0.247	0.247	0.247	0.247	0.247	0.247	0.247	0.247

Ⅰ.路线工程　　公路等级:二级公路　　地形:山岭重丘区

工程项目		单位	贵州	西藏	陕西	甘肃	宁夏	青海	新疆
			25	26	27	28	29	30	31
1	设备购置费	%	1.159	1.159	1.159	1.159	1.159	1.159	1.159
2	拆迁补偿费	%	4.337	4.215	4.007	4.042	4.042	4.076	4.111
3	研究试验费	%	0.191	0.191	0.191	0.191	0.191	0.191	0.191
4	建设项目前期工作费	%	4.119	4.119	4.119	4.119	4.119	4.119	4.119
5	专项评价(估)费	%	0.247	0.247	0.247	0.247	0.247	0.247	0.247

Ⅰ.路线工程　　公路等级:三级公路　　地形:平原微丘区

工程项目		单位	北京	天津	内蒙古	山西	河北	辽宁	吉林	黑龙江
			1	2	3	4	5	6	7	8
1	设备购置费	%	1.174	1.174	1.174	1.174	1.174	1.174	1.174	1.174
2	拆迁补偿费	%	9.246	9.024	8.581	8.654	8.654	8.728	8.802	8.950
3	研究试验费	%	0.216	0.216	0.216	0.216	0.216	0.216	0.216	0.216
4	建设项目前期工作费	%	4.209	4.209	4.209	4.209	4.209	4.209	4.209	4.209
5	专项评价(估)费	%	0.189	0.189	0.189	0.189	0.189	0.189	0.189	0.189

Ⅰ.路线工程　　公路等级:三级公路　　地形:平原微丘区

工程项目		单位	上海	江苏	安徽	山东	浙江	江西	福建	湖南
			9	10	11	12	13	14	15	16
1	设备购置费	%	1.174	1.174	1.174	1.174	1.174	1.174	1.174	1.174
2	拆迁补偿费	%	10.344	9.787	9.389	9.389	9.787	9.389	9.349	9.349
3	研究试验费	%	0.216	0.216	0.216	0.216	0.216	0.216	0.216	0.216
4	建设项目前期工作费	%	4.209	4.209	4.209	4.209	4.209	4.209	4.209	4.209
5	专项评价(估)费	%	0.189	0.189	0.189	0.189	0.189	0.189	0.189	0.189

Ⅰ.路线工程　　公路等级:三级公路　　地形:平原微丘区

工程项目		单位	湖北	河南	广东	广西	海南	重庆	四川	云南
			17	18	19	20	21	22	23	24
1	设备购置费	%	1.174	1.174	1.174	1.174	1.174	1.174	1.174	1.174
2	拆迁补偿费	%	9.349	8.507	9.429	9.389	9.405	8.609	8.609	8.624
3	研究试验费	%	0.216	0.216	0.216	0.216	0.216	0.216	0.216	0.216
4	建设项目前期工作费	%	4.209	4.209	4.209	4.209	4.209	4.209	4.209	4.209
5	专项评价(估)费	%	0.189	0.189	0.189	0.189	0.189	0.189	0.189	0.189

I.路线工程　　公路等级:三级公路　　地形:平原微丘区

工程项目		单位	贵州	西藏	陕西	甘肃	宁夏	青海	新疆
			25	26	27	28	29	30	31
1	设备购置费	%	1.174	1.174	1.174	1.174	1.174	1.174	1.174
2	拆迁补偿费	%	8.609	7.922	8.536	8.161	8.263	8.092	8.092
3	研究试验费	%	0.216	0.216	0.216	0.216	0.216	0.216	0.216
4	建设项目前期工作费	%	4.209	4.209	4.209	4.209	4.209	4.209	4.209
5	专项评价(估)费	%	0.189	0.189	0.189	0.189	0.189	0.189	0.189

I.路线工程　　公路等级:三级公路　　地形:山岭重丘区

工程项目		单位	北京	天津	内蒙古	山西	河北	辽宁	吉林	黑龙江
			1	2	3	4	5	6	7	8
1	设备购置费	%	0.891	0.891	0.891	0.891	0.891	0.891	0.891	0.891
2	拆迁补偿费	%	5.792	5.653	5.375	5.422	5.422	5.468	5.514	5.607
3	研究试验费	%	0.120	0.120	0.120	0.120	0.120	0.120	0.120	0.120
4	建设项目前期工作费	%	4.563	4.563	4.563	4.563	4.563	4.563	4.563	4.563
5	专项评价(估)费	%	0.205	0.205	0.205	0.205	0.205	0.205	0.205	0.205

I.路线工程　　公路等级:三级公路　　地形:山岭重丘区

工程项目		单位	上海	江苏	安徽	山东	浙江	江西	福建	湖南
			9	10	11	12	13	14	15	16
1	设备购置费	%	—	0.891	0.891	0.891	0.891	0.891	0.891	0.891
2	拆迁补偿费	%	—	5.988	5.694	5.743	5.743	5.792	5.841	5.939
3	研究试验费	%	—	0.120	0.120	0.120	0.120	0.120	0.120	0.120
4	建设项目前期工作费	%	—	4.563	4.563	4.563	4.563	4.563	4.563	4.563
5	专项评价(估)费	%	—	0.205	0.205	0.205	0.205	0.205	0.205	0.205

I.路线工程　　公路等级:三级公路　　地形:山岭重丘区

工程项目		单位	湖北	河南	广东	广西	海南	重庆	四川	云南
			17	18	19	20	21	22	23	24
1	设备购置费	%	0.891	0.891	0.891	0.891	0.891	0.891	0.891	0.891
2	拆迁补偿费	%	6.136	5.653	5.694	5.743	5.743	5.376	5.422	5.513
3	研究试验费	%	0.120	0.120	0.120	0.120	0.120	0.120	0.120	0.120
4	建设项目前期工作费	%	4.563	4.563	4.563	4.563	4.563	4.563	4.563	4.563
5	专项评价(估)费	%	0.205	0.205	0.205	0.205	0.205	0.205	0.205	0.205

Ⅰ.路线工程　　　公路等级:三级公路　　　地形:山岭重丘区

工程项目		单位	贵州	西藏	陕西	甘肃	宁夏	青海	新疆
			25	26	27	28	29	30	31
1	设备购置费	%	0.891	0.891	0.891	0.891	0.891	0.891	0.891
2	拆迁补偿费	%	5.695	5.175	4.920	4.963	4.963	5.005	5.048
3	研究试验费	%	0.120	0.120	0.120	0.120	0.120	0.120	0.120
4	建设项目前期工作费	%	4.563	4.563	4.563	4.563	4.563	4.563	4.563
5	专项评价(估)费	%	0.205	0.205	0.205	0.205	0.205	0.205	0.205

Ⅰ.路线工程　　　公路等级:四级公路　　　地形:平原微丘区

工程项目		单位	北京	天津	内蒙古	山西	河北	辽宁	吉林	黑龙江
			1	2	3	4	5	6	7	8
1	设备购置费	%	1.174	1.174	1.174	1.174	1.174	1.174	1.174	1.174
2	拆迁补偿费	%	9.246	9.024	8.581	8.654	8.654	8.728	8.802	8.950
3	研究试验费	%	0.216	0.216	0.216	0.216	0.216	0.216	0.216	0.216
4	建设项目前期工作费	%	4.500	4.500	4.500	4.500	4.500	4.500	4.500	4.500
5	专项评价(估)费	%	0.203	0.203	0.203	0.203	0.203	0.203	0.203	0.203

Ⅰ.路线工程　　　公路等级:四级公路　　　地形:平原微丘区

工程项目		单位	上海	江苏	安徽	山东	浙江	江西	福建	湖南
			9	10	11	12	13	14	15	16
1	设备购置费	%	1.174	1.174	1.174	1.174	1.174	1.174	1.174	1.174
2	拆迁补偿费	%	10.344	9.787	9.389	9.389	9.787	9.389	9.349	9.349
3	研究试验费	%	0.494	0.494	0.494	0.494	0.494	0.049	0.494	0.494
4	建设项目前期工作费	%	1.620	1.620	1.620	1.620	1.620	1.620	1.620	1.620
5	专项评价(估)费	%	0.203	0.203	0.203	0.203	0.203	0.203	0.203	0.203

Ⅰ.路线工程　　　公路等级:四级公路　　　地形:平原微丘区

工程项目		单位	湖北	河南	广东	广西	海南	重庆	四川	云南
			17	18	19	20	21	22	23	24
1	设备购置费	%	1.174	1.174	1.174	1.174	1.174	1.174	1.174	1.174
2	拆迁补偿费	%	9.349	8.507	9.429	9.389	9.405	8.609	8.609	8.624
3	研究试验费	%	0.216	0.216	0.216	0.216	0.216	0.216	0.216	0.216
4	建设项目前期工作费	%	4.500	4.500	4.500	4.500	4.500	4.500	4.500	4.500
5	专项评价(估)费	%	0.203	0.203	0.203	0.203	0.203	0.203	0.203	0.203

Ⅰ.路线工程　　公路等级:四级公路　　地形:平原微丘区

工程项目		单位	贵州	西藏	陕西	甘肃	宁夏	青海	新疆
			25	26	27	28	29	30	31
1	设备购置费	%	1.174	1.174	1.174	1.174	1.174	1.174	1.174
2	拆迁补偿费	%	8.609	7.922	8.536	8.161	8.263	8.092	8.092
3	研究试验费	%	0.216	0.216	0.216	0.216	0.216	0.216	0.216
4	建设项目前期工作费	%	4.500	4.500	4.500	4.500	4.500	4.500	4.500
5	专项评价(估)费	%	0.203	0.203	0.203	0.203	0.203	0.203	0.203

Ⅰ.路线工程　　公路等级:四级公路　　地形:山岭重丘区

工程项目		单位	北京	天津	内蒙古	山西	河北	辽宁	吉林	黑龙江
			1	2	3	4	5	6	7	8
1	设备购置费	%	0.891	0.891	0.891	0.891	0.891	0.891	0.891	0.891
2	拆迁补偿费	%	5.792	5.653	5.375	5.422	5.422	5.468	5.514	5.607
3	研究试验费	%	0.120	0.120	0.120	0.120	0.120	0.120	0.120	0.120
4	建设项目前期工作费	%	4.935	4.935	4.935	4.935	4.935	4.935	4.935	4.935
5	专项评价(估)费	%	0.222	0.222	0.222	0.222	0.222	0.222	0.222	0.222

Ⅰ.路线工程　　公路等级:四级公路　　地形:山岭重丘区

工程项目		单位	上海	江苏	安徽	山东	浙江	江西	福建	湖南
			9	10	11	12	13	14	15	16
1	设备购置费	%	—	0.891	0.891	0.891	0.891	0.891	0.891	0.891
2	拆迁补偿费	%	—	5.988	5.694	5.743	5.743	5.792	5.841	5.939
3	研究试验费	%	—	0.120	0.120	0.120	0.120	0.120	0.120	0.120
4	建设项目前期工作费	%	—	4.935	4.935	4.935	4.935	4.935	4.935	4.935
5	专项评价(估)费	%	—	0.222	0.222	0.222	0.222	0.222	0.222	0.222

Ⅰ.路线工程　　公路等级:四级公路　　地形:山岭重丘区

工程项目		单位	湖北	河南	广东	广西	海南	重庆	四川	云南
			17	18	19	20	21	22	23	24
1	设备购置费	%	0.891	0.891	0.891	0.891	0.891	0.891	0.891	0.891
2	拆迁补偿费	%	6.136	5.653	5.694	5.743	5.743	5.376	5.422	5.513
3	研究试验费	%	0.120	0.120	0.120	0.120	0.120	0.120	0.120	0.120
4	建设项目前期工作费	%	4.935	4.935	4.935	4.935	4.935	4.935	4.935	4.935
5	专项评价(估)费	%	0.222	0.222	0.222	0.222	0.222	0.222	0.222	0.222

Ⅰ.路线工程　　公路等级:四级公路　　地形:山岭重丘区

工程项目		单位	贵州	西藏	陕西	甘肃	宁夏	青海	新疆
			25	26	27	28	29	30	31
1	设备购置费	%	0.891	0.891	0.891	0.891	0.891	0.891	0.891
2	拆迁补偿费	%	5.695	5.175	4.920	4.963	4.963	5.005	5.048
3	研究试验费	%	0.120	0.120	0.120	0.120	0.120	0.120	0.120
4	建设项目前期工作费	%	4.935	4.935	4.935	4.935	4.935	4.935	4.935
5	专项评价(估)费	%	0.222	0.222	0.222	0.222	0.222	0.222	0.222

Ⅱ.独立隧道工程

工程项目		单位	北京	天津	内蒙古	山西	河北	辽宁	吉林	黑龙江
			1	2	3	4	5	6	7	8
1	设备购置费	%	1.109	1.109	1.109	1.109	1.109	1.109	1.109	1.109
2	拆迁补偿费	%	0.299	0.292	0.278	0.280	0.280	0.283	0.285	0.290
3	研究试验费	%	0.284	0.284	0.284	0.284	0.284	0.028	0.284	0.284
4	建设项目前期工作费	%	2.347	2.347	2.347	2.347	2.347	2.347	2.347	2.347
5	专项评价(估)费	%	0.155	0.155	0.155	0.155	0.155	0.155	0.155	0.155

Ⅱ.独立隧道工程

工程项目		单位	上海	江苏	安徽	山东	浙江	江西	福建	湖南
			9	10	11	12	13	14	15	16
1	设备购置费	%	—	1.109	1.109	1.109	1.109	1.109	1.109	1.109
2	拆迁补偿费	%	—	0.292	0.278	0.280	0.280	0.283	0.285	0.290
3	研究试验费	%	—	0.284	0.284	0.284	0.284	0.028	0.284	0.284
4	建设项目前期工作费	%	—	2.347	2.347	2.347	2.347	2.347	2.347	2.347
5	专项评价(估)费	%	—	0.155	0.155	0.155	0.155	0.155	0.155	0.155

Ⅱ.独立隧道工程

工程项目		单位	湖北	河南	广东	广西	海南	重庆	四川	云南
			17	18	19	20	21	22	23	24
1	设备购置费	%	1.109	1.109	1.109	1.109	1.109	1.109	1.109	1.109
2	拆迁补偿费	%	0.299	0.292	0.278	0.280	0.280	0.283	0.285	0.290
3	研究试验费	%	0.284	0.284	0.284	0.284	0.284	0.028	0.284	0.284
4	建设项目前期工作费	%	2.347	2.347	2.347	2.347	2.347	2.347	2.347	2.347
5	专项评价(估)费	%	0.155	0.155	0.155	0.155	0.155	0.155	0.155	0.155

Ⅱ.独立隧道工程

工程项目		单位	贵州	西藏	陕西	甘肃	宁夏	青海	新疆
			25	26	27	28	29	30	31
1	设备购置费	%	1.109	1.109	1.109	1.109	1.109	1.109	1.109
2	拆迁补偿费	%	0.299	0.292	0.278	0.280	0.280	0.283	0.285
3	研究试验费	%	0.284	0.284	0.284	0.284	0.284	0.028	0.284
4	建设项目前期工作费	%	2.347	2.347	2.347	2.347	2.347	2.347	2.347
5	专项评价(估)费	%	0.155	0.155	0.155	0.155	0.155	0.155	0.155

Ⅲ.独立桥梁工程

工程项目		单位	北京	天津	内蒙古	山西	河北	辽宁	吉林	黑龙江
			1	2	3	4	5	6	7	8
1	设备购置费	%	1.564	1.458	1.224	1.221	1.225	1.218	1.218	1.218
2	拆迁补偿费	%	2.346	2.290	2.177	2.135	2.135	1.652	1.666	2.317
3	研究试验费	%	0.898	0.898	0.838	0.896	0.898	0.906	0.906	0.906
4	建设项目前期工作费	%	5.588	5.588	5.588	5.588	5.588	5.588	5.588	5.588
5	专项评价(估)费	%	0.369	0.369	0.369	0.369	0.369	0.369	0.369	0.369

Ⅲ.独立桥梁工程

工程项目		单位	上海	江苏	安徽	山东	浙江	江西	福建	湖南
			9	10	11	12	13	14	15	16
1	设备购置费	%	1.818	1.928	1.389	1.210	1.728	1.324	1.352	1.337
2	拆迁补偿费	%	2.161	2.044	1.961	1.961	2.066	2.156	2.211	2.438
3	研究试验费	%	1.201	1.228	1.036	1.066	1.118	1.012	1.013	1.033
4	建设项目前期工作费	%	5.588	5.588	5.588	5.588	5.588	5.588	5.588	5.588
5	专项评价(估)费	%	0.369	0.369	0.369	0.369	0.369	0.369	0.369	0.369

Ⅲ.独立桥梁工程

工程项目		单位	湖北	河南	广东	广西	海南	重庆	四川	云南
			17	18	19	20	21	22	23	24
1	设备购置费	%	1.332	1.279	1.816	1.318	1.318	1.328	1.331	1.325
2	拆迁补偿费	%	2.220	1.812	2.471	1.876	2.173	1.939	1.939	1.475
3	研究试验费	%	1.033	1.017	1.119	1.023	1.023	1.040	1.045	1.036
4	建设项目前期工作费	%	5.588	5.588	5.588	5.588	5.588	5.588	5.588	5.588
5	专项评价(估)费	%	0.369	0.369	0.369	0.369	0.369	0.369	0.369	0.369

Ⅲ.独立桥梁工程

工程项目		单位	贵州	西藏	陕西	甘肃	宁夏	青海	新疆
			25	26	27	28	29	30	31
1	设备购置费	%	1.324	1.037	1.129	1.022	1.021	1.021	1.020
2	拆迁补偿费	%	1.008	1.188	1.838	1.757	1.779	1.742	1.213
3	研究试验费	%	1.029	1.092	0.882	0.832	0.832	0.831	0.829
4	建设项目前期工作费	%	5.588	5.588	5.588	5.588	5.588	5.588	5.588
5	专项评价(估)费	%	0.369	0.369	0.369	0.369	0.369	0.369	0.369